『戦国の情報ネットワーク』正誤表

52ページ11行目

「酒井忠次」は「井伊直政」の誤りでした。

お詫びして訂正いたします。

戦国の情報ネットワーク

大名・民衆・忍者がつくる中心なき分権社会

蒲生 猛
GAMOU TAKESHI

コモンズ

プロローグ　戦国の情報ネットワーク分析の歴史的意味

一六世紀の戦国時代を情報ネットワークという視点から捉えると、どのような社会像が浮かびあがってくるのだろうか。こうしたテーマ設定は筆者の知るかぎり、これまで試みられていない。したがって、本書は初めての「戦国の情報ネットワーク社会論」であると言える。

そもそも情報ネットワークをわかりやすく表現するならば、人と人のつながりであり、多数の人や組織の相互依存関係と言うことができる。このように情報ネットワークを捉えると、古代社会においても、そのパイプが細く情報伝達に長時間を要したとはいえ、情報ネットワーク社会と定義できる。

それゆえ、人類の長い歴史は、さまざまな情報ネットワーク社会が勃興し、繁栄を極め、後に衰退するというサイクルを繰り返してきた歴史としても捉えられる。情報ネットワーク社会とは、この概念が形成されてきた二〇世紀後半以降にその適用を限定することなく、人類史すべてに適用できる概念であり、本質的に歴史貫通的性格を有しているのである。筆者は、こうした「情報ネットワーク史観」とも言うべき新たな歴史の見方を、未来のあるべき姿を展望するためにも構築しておく必要があると考えている。

この史観に沿って、過去から現在までの社会の特性を分析するうえで、ネットワーク上での情報の伝達スピードと伝達容量の大きさは、もちろん重要な指標となる。だが、それはあくまで一つの指標にすぎない。筆者自身の反省をこめて言えば、「限りなく進歩するＩＴとネットワークのテクノロジーが一方的に社会を変えていく」というテクノロジー信仰に傾斜しすぎたオプティミスティックな発展史観は、根本的に見直す時期にさしかかってきていると思えてならない。

むしろ、情報収集や伝達の方法、収集された情報に基づく現状分析や意思決定の方式、情報ネットワークシステムの組み方・編成方法こそが、それぞれの社会の基本的な特性を規定しているという分析の基礎視角の確立が、何よりも必要とされているのではないか。さらに言えば、その基礎視角を踏まえた過去の情報ネットワーク社会分析の積み重ね――不断の過去の歴史との対話が、あるべき未来の創造につながっていくのではないだろうか。

そうした期待をこめて日本の歴史を捉え返してみると、以下の三点から、戦国時代の情報ネットワーク社会は突出して知的刺激に満ちている。

まず、戦国時代が無文字社会から文字社会への過渡期として位置付けられ、民衆の知的パワーがあふれんばかりに躍動していたからである。この知的パワーは、彼らの識字率を向上させるとともに、自律した顔の見える個人として初めて歴史の表舞台への登場につながっていく。近代的市民の原型とも言いうる農民や商人や職人が生成されつつあったと解釈できるだろう。

次に、知的水準の高い民衆が水平型のネットワークにより団結し、共和制型の社会システムを成立させたからである。民衆が創る共和制型の社会システムは、各地に割拠する戦国大名の領国と並存することで、中心なき分権社会の一角を占めていた。たとえば、第9章で詳細に検討するが、「信長が共和制型の社会や他の戦国大名に勝利できずに、強権的な天下統一に失敗した」という仮説を立てるならば、「中心なき分権社会が長期に継続し、異なる歴史的展開から近代化に至る道がありえた」という論点が浮き彫りにされてくる。

さらに、分権社会を構成する政体の異なる複数の社会が、それぞれ独自の個性豊かな情報ネットワークシステムを構築しているからである。戦国の社会は、この多様な情報ネットワークシステムをサブシステムに、ゆるやかなネットワークで結合することで成立していた。この分散型システムは前後の時代にない特性を有している。

以上の三点から、戦国時代はそれ以前の社会よりも多様性を持ち、次章から詳細に述べるように、さまざまな意味で躍動的で知的刺激に満ちていると言える。それゆえ、そのダイナミズムと知的刺激の根源を深く多面的に分析することは、一六世紀が対象であるにもかかわらず、二一世紀の日本社会の閉塞状況を打開し、未来を切り拓くヒントにつながるかもしれない。

筆者は、戦国時代を専門とする歴史家ではない。とはいえ、情報ネットワークという分析視角から戦国の社会を捉えると、まったく新しい社会像の描写につながる可能性を秘めているように思えてならない。以下ではこの予感に基づく期待を胸に、読者とともに一六世紀にタイムスリップし、新たな視点からの知的冒険にチャレンジしていきたい。とくに、戦国の情報ネットワーク社会がどのようであったかを複眼的に捉えることで、より深く考察していくために、第一に鳥瞰図的に全体を見渡す目線、第二に戦国大名の目線、第三に農民や商人や職人といった民衆の目線、第四に情報収集や伝達を担った忍者の目線から描くことにした。

なお、旧国名と戦国時代の戦いについては、［ ］内で現在の都府県名と市町村名を入れている。

第1章

下からの変革と経済発展の時代

下からの変革による水平型ネットワークの形成

戦国の社会というと、「天下麻の如く乱れた下剋上」という時代像がまず思い浮かぶ。こうした混沌とした状況をもたらしたのは、足利幕府という中世的統治システムの崩壊である。

この下剋上は、金属疲労を起こした旧体制が音を立てて崩れ、国人《こくじん》、地侍《じざむらい》、農民、さらには商人や職人といった新興勢力が、自律した自治的な性格を帯びた農村や都市を全国各地に構築したことで、実現した。さらに、農村や都市に住むたくましい民衆が、社会的分業を深化させ、情報のネットワークを水平につなげることで、下からの変革がより促進したと言えるだろう。

たとえば、国人と地侍・農民から構成された山城国［京都府南部］一揆は、自律・団結した農村を組織的にネットワーク化し、自衛した自治的な集会組織をつくりあげた。そして、『国中掟法《くにじゅうおきて》』を自ら制定して政治権力を掌握し、地方自治的権力へと発展させていったのである。

またこの時代、浄土真宗（一向宗）により組織されたネットワークが急速に巨大化した。浄土真宗中興の法主・蓮如《れんにょ》の強力なリーダーシップのもとで積極的な布教作戦が展開され、その集団性と平等性に宗教的一体感が加わり、信者が急速に拡大していく。一説によると、当時全国に数百万人の信者がいたと言われている。

戦国時代は人口が急増し、一二〇〇万～一七〇〇〇万人と推定されるなかで、少なくとも一〇人に一人が一向宗徒となり、驚くべき高い比率である。この数のパワーを基盤に、一四八八年(長享二年)には二〇万人もの武装した信者による一向一揆が、加賀[石川県南部]の守護大名・富樫《とがし》氏を滅ぼし、一向宗徒による九二年間もの長期にわたる支配が成立する。日本の歴史上、前にも後にもない「百姓の持ちたる国」が誕生したのである。

さらにこの時代、日蓮宗が新興仏教として台頭した。室町時代に入ると、京都ではさまざまな商業や職人による家内制手工業が発達する。これらを担う商人や職人は町衆として団結し、自治組織や自衛組織を構築していく。この町衆の多くが日蓮宗の熱心な信者だった。彼らも一揆を編成し、京都の上下両京に各一〇人の惣代(代表者)を設けて、毎月の行事や政治の執行にあたる。こうして、京都の支配権を掌握していった。

日蓮宗は、鎌倉仏教のなかでもっとも排他的で厳格な宗教である。この特性が、町衆を構成する人びとに、ヨーロッパのプロテスタンティズムに似た職業倫理を育んでいく。文化面で言えば、寄合の場で茶の湯や連歌の会が催され、猿楽(能)や狂言が演じられ、京都では祇園祭の山鉾の行列や大文字の送り火が、町衆の文化として創りだされた。町衆の構成メンバーには没落した公家も加わっており、彼らは宮廷文化を商品化していく。こうして、メトロポリス京都においても急速に旧体制が崩れ、町衆という新興勢力が台頭し、新たな体制へ再編されたのである。

さらにこの時代、フランシスコ・ザビエルをはじめとするポルトガルの宣教師たちが、はるか遠いヨーロッパのイベリア半島から大西洋とインド洋を越えて来日し、キリスト教を熱心に布教した。この結果、薩摩［鹿児島県西部］から津軽［青森県西部］まで数十カ所を越える教会が建設される。短期間のうちにキリスト教徒も急増し、一六〇五年（慶長一〇年）には七五万人を数えるまでになった。(1)江戸時代から現代まで、日本のキリスト教徒は人口比で一％を超えることはなかったが、戦国時代においては、ゆうに四％を超えていた計算になる。

イエスのもとでの平等と同胞愛を唱えるキリスト教は、地侍、農民、商人、職人といった民衆に幅広く浸透していく。新たに台頭した戦国大名にも、キリスト教徒が少なからずいた。大友宗《そう》麟《りん》をはじめとする九州の諸大名、大名の妻としては細川ガラシャが有名だが、秀吉の武将だった高山右近や小西行長、そして秀吉の軍師だった黒田官兵衛もキリスト教徒だった。

新興仏教とキリスト教の台頭には共通点がある。それは、平等とヨコのつながりが大切であるという新しい価値基準が民衆に急速に浸透していったことだ。このように戦国時代とは、古いタテの伝統的支配のシステムが崩れ去り、自律した民衆が新しい価値基準のもとで団結し、ヨコのネットワークを形成して、巨大な集団となって歴史の表舞台に登場した時代だったと言える。

農業と鉱工業の発展

数多くの民衆が台頭する変革の時代は、同時に経済成長が著しい経済発展の時代だった。

とくに、農業の発展には目を見張るものがあった。農耕具の改良、耕作方法の改善による二毛作の実現、さらには武田信玄の信玄堤［山梨県］や伊達政宗の貞山堀《ていざん》［宮城県］に代表される大規模な治水・灌漑工事が行われ、一五世紀後半から一六世紀を通じて生産性は二倍以上に伸びたと言われている。

農業の発展は鉱工業や商業の発展を促し、三者の相乗効果により戦国時代をかつてないダイナミックな経済発展の時代としていく。鉱工業発展の特徴は二つある。

一つは、中国から取り入れた新しい金銀採取法により、甲斐［山梨県］や佐渡［新潟県］の金山などの採掘が本格化してゴールドラッシュがもたらされ、石見《いわみ》［島根県西部］の銀山でも大量の銀が採掘されるようになったことだ。もう一つは、鉄の生産量が大幅に増加し、鉄製農具・鉄砲・刀槍が大量に生産されるようになったことだ。鉄製農具が農村に浸透した結果、農業生産性の向上に拍車をかけるとともに、戦国大名たちに鉄砲が大量にいきわたり、戦争のさまざまな局面で活用された。

ここで着目すべき点は、種子島［鹿児島県］に鉄砲が伝来してからわずかな期間のうちに大量の鉄砲生産を可能にした、日本の職人の生産技術能力の高さである。今日的に表現するなら、「戦国の職人組織はイノベーションを実現する革新的組織であった」と言えるだろう。(2) 次に、鉄砲の軍事作戦への画期的活用方法の創出である。その典型的事例が、一五七五年（天正三年）の長篠［愛知県新城市］の戦いにおける織田信長の千挺あまりの鉄砲（『信長公記』（織田信長の一代記）記述の鉄砲数）の活用方法だ。

それは、防護柵を設けて後方から間断なく射撃する方法である。この原型は本願寺の一向宗徒と連合した紀州［和歌山県］の雑賀衆《さいかしゅう》が発案したと言われている。信長はそれをいち早く自らの戦術に大胆に応用した。当時最強と言われた機動力ある騎馬兵と徒歩兵からなる武田の軍団に壊滅的打撃を与えたこの鉄砲の活用方法は、一六世紀の軍事作戦における画期的イノベーションだったと高く評価できるだろう。

グローバルな視点から捉え返すと、この時期における日本は、長篠の戦いにおける大量の鉄砲活用に端的に示されているように、ヨーロッパ各国をはるかに凌いだ最大の鉄砲生産国となっていた。その軍事利用も高度な水準に達しており、職人による手工業という枠内にあるとはいえ最先端のハイテクノロジー工業国であり、強力な高度軍事国家に飛躍したと言えるだろう。

なお、近年、長篠の戦いに関して「三〇〇〇挺の鉄砲隊を一〇〇〇人単位に分け、防護柵の後ろから三段打ちに連射することで、武田の騎馬隊を短時間に壊滅させた」という通説に、疑問が投げかけられている(3)。

たしかに黒沢明の世界的映画『影武者』の映像のように、全員騎馬武者の軍勢が突撃する、西部劇を連想させるようなスピード感のある戦闘シーンは、なかったと言えるだろう。また、三段打ちの連射は、鉄砲の凄まじい発射音が重なるから指示する声がかき消され、組織的には不可能だったかもしれない。

ただし本書では、織田—徳川の鉄砲隊が、一番手から五番手までの騎馬兵と徒歩兵からなる武田軍各番手の軍団が突撃するたびに防護柵の前で壊滅的打撃を与え、敗走させたのは事実だった、と解釈した。その根拠として『信長公記』の文章を紹介しておきたい。

「三番手の西上野の……関東衆（武田軍）は、馬上の戦いが上手で、このときも馬を用いて押し太鼓を打ちながら、かかってきた。こちらも軍兵をそろえて身を隠し鉄砲で待ち受けて打ったところ、大半が打ち倒されて、軍兵がいなくなり、引き退いた(4)」

さらに、織田―徳川軍は「騎馬武者の侵入を防ぐための柵を取り付け」、武田軍は「鉄砲でさんざんに打ちたてられ」たと、長篠の戦闘シーンがきわめてリアルに描かれている。

情報産業の相対的遅れ

一方で、社会の情報化の新たな段階をもたらす印刷・出版産業においては、ヨーロッパが日本より先行している。一五世紀なかばのヨーロッパではグーテンベルクが活版印刷術を開発して、書物の大量印刷が可能となった。こうして、当時の情報生産の基幹産業とも言うべき印刷・出版産業が成立・発展し、社会全体の情報化が急速に進展していく。情報化社会という視点で捉えるならば、グーテンベルクの活版印刷術は、人類の歴史において、本の発明以来の画期的発明だったと位置付けられる。

これに対して日本の情報産業は、一〇〇年以上遅れていた。戦国時代末期の一六世紀末に、ようやくキリスト教宣教師によって教書が出版され、また一五九三年（文禄二年）に後陽成《ごようぜい》天皇勅版の『古文孝経』が刊行された。以後、本を出版して店頭で販売する書林（本屋）が、京都を中心に設立されていく。そして江戸時代に至り、江戸や大阪でも本屋の数が急増し、印刷・出版産業が発展して、農民、職人、町人といった広汎な庶民階層が貸本に親しむようになる。なお、最初の瓦版は戦国時代の終焉をもたらした戦争「大阪夏の陣」（一六一五年〔慶長二〇年〕）を題材にしたと言われている。

このように考えると、江戸時代に至って情報化が急速に進展したのであり、戦国時代は情報化のレベルが初期段階にあったと言えるだろう。このことが、戦国大名の軍事行動と領国経営において大きな制約となって立ちはだかる。

もちろん、書物がまったく流通していなかったわけではない。写本という形態で少しずつ広がり、当時の支配階級である皇族、公家、大名、僧侶の間では読まれていた。実際、キリスト教宣教師フランシスコ・ザビエルが、日本国の中にある一一のアカデミーの中で「関東には、日本でいちばん大きくて、いちばん有名な学校があります」(5)と記した足利学校［栃木県］には約一万七〇〇〇冊の蔵書があり、約三〇〇〇人の生徒が知識習得に役立てていたと言われている。

しかし、庶民階層まで含めて戦国時代の社会全体から俯瞰すると、一一のアカデミーがカバーする範囲はごく限られていたと言わざるをえない。

表1　戦国時代における都市人口の急増

室町時代（応仁の乱まで）	
京都	15万人
博多	5万人
山口	4万人
鹿児島	2.1万人

戦国時代（関ケ原の戦い（1600年）まで）			
京都	30万人		
大阪	28万人	春日山	3万人
駿府	10万人	山田	3万人
山口	8万人	柏崎	2.8万人
堺	8万人	安濃津	2.5万人
江戸	6万人	大津	1.5万人
金沢	6万人	坂本	1.5万人
博多	5万人	蓮沼	1万人
鹿児島	4.5万人	岐阜	8000～1万人
仙台	3.6万人	長崎	8000人

（注）各都市の人口は主に、Tertius Candler, "*Four Thousand years of urban growth*", The Edwin Mellen Press, 1987. および原田伴彦『中世における都市の研究』（三一書房、1972年）参照。駿府、春日山、山田、安濃津、坂本、蓮沼は、現在の静岡市、上越市（新潟県）、伊勢市（三重県）、津市（三重県）、大津市（滋賀県）、小矢部市（富山県）。

商業の発展と地方都市人口の急増

こうした情報化の未発達という制約下にあるとはいえ、一六世紀のこの時期、農業と鉱工業に加えて商業も、量・質ともにダイナミックに発展した。その発展は、一四～一五世紀における経済システムの大転換によってもたらされた。一四世紀以降、貨幣・信用経済が軌道に乗り、商人、金融、運輸業者による広域の商業ネットワークが発達していく。一六世紀には、多様に専門特化した職人が集まる城下町や自治都市が全国各地に形成されるようになった。

ここで、戦国時代における都市人口の急増について概観しておきたい。表1に示したように、一五世紀までは、博多［福岡県］や山口といった人口四万～五万人の大都市はあったものの、あくまで経済の中心はメトロポリスである京都であった。だが、戦国時代に至り一六世紀末までに、人口一万人を超える大都市が全国各地に次々と形成されていく。

諸国の商人たちが集まり、宣教師ルイス・フロイスが「バビロンの混雑」と描写したほど繁栄していた信長の岐阜、中国地方では大内氏の山口、東海地方は今川氏の駿府［静岡市］、北陸地方は上杉氏の春日山［上越市］、さらに奥州では伊達氏の仙台［宮城県］といった城下町が、人口を急増させていった。自由貿易都市では、博多に加えて堺［大阪府］が人口を急増させ、長崎もキリスト教徒が中心となり都市を形成した。さらに、一向一揆の拠点である大阪や金沢も大都市となり、全国各地に寺内町も生まれる。

一方では、自立せる地侍や農民による自治的な農村＝惣村が成立する。こうした農村に製紙、織物、鍛冶などの家内制手工業が勃興し、城下町や自治都市との分業のネットワークが構築され、同時代のイギリスのように、局地的市場圏の原型が形成された。日本列島における資本主義の源流は、この時期にまで遡ることができる。自治都市を中心に市場が成立し、市場原理が支配するようになっていたのである。

こうした経済システムの大転換を基盤として、戦国時代には軍事目的を兼ねた交通輸送網が発達し、戦国大名たちの領国内に商業ネットワークが構築された。さらに、信長が積極的に推進した新規参入可能な楽市楽座にも影響され、全国にまたがるオープンな商業ネットワークが構築されることになったのである。

図1　戦国の経済＝地方分権型経済システム

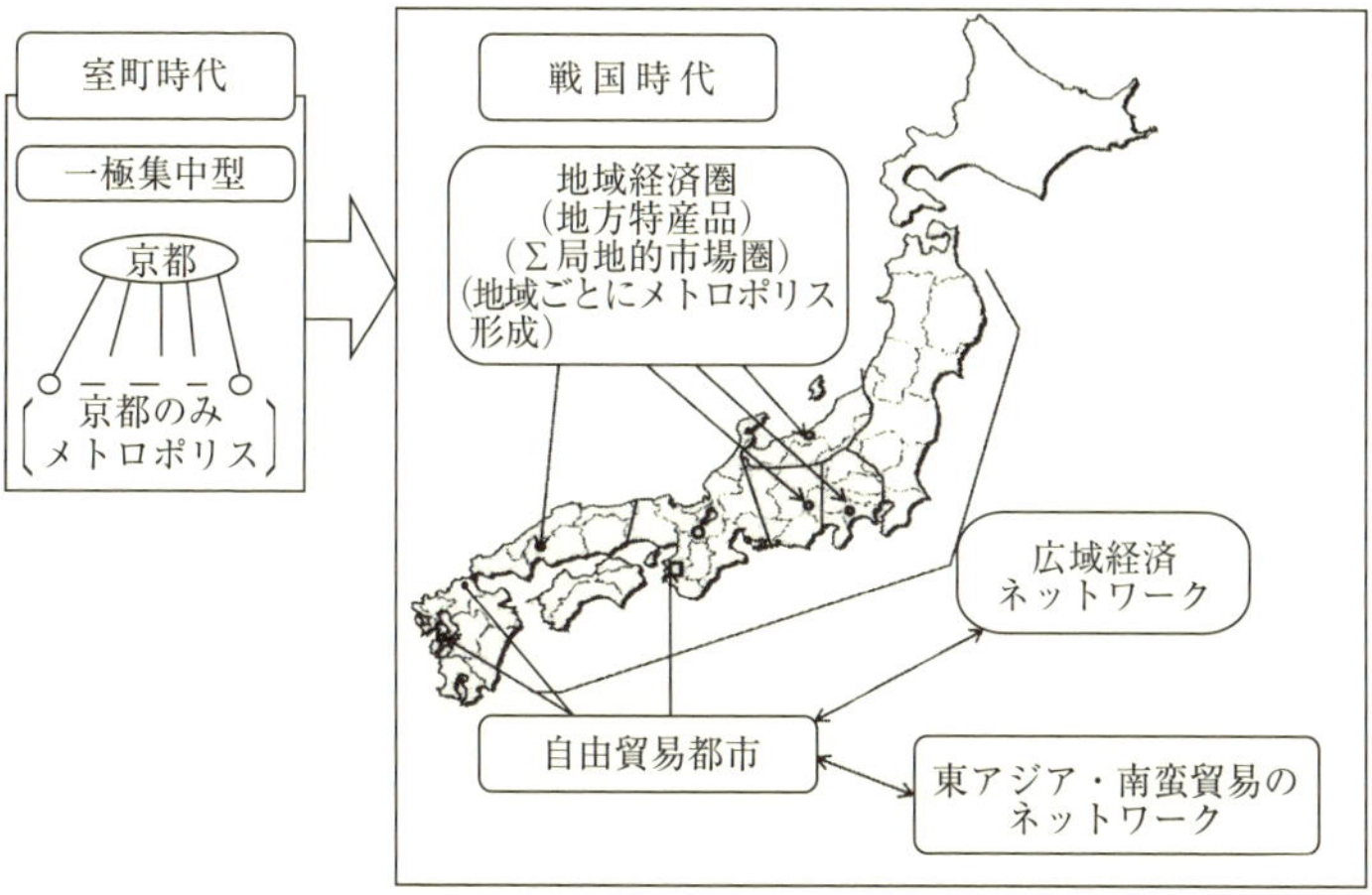

その典型的事例として、上杉謙信が民衆の衣料の原料である青苧《あおそ》（イラクサ科の多年草）を育成し、京都など各地に大量移出していたケースが挙げられる。謙信はこの特産品で莫大な利益を上げたと言われている。武田信玄も、和紙や麻布を付加価値の高い特産品として育成した。

こうして全国各地で特徴ある特産品が生産され、領国間の広域商業ネットワークで取引されて、地域経済圏が成立する。その中心が、前述した城下町と、山田や柏崎のような商業中心の大都市である。

地域経済圏の成立と都市人口の急増を重ね合わせると、戦国時代の各地の大都市は、メトロポリス京都のサテライト都市というよりも、各地域経済圏のメトロポリスとして位置付けるべきことが明らかになってくる。戦国時代の経済システムは、図1に示したように、全体的な配置においても一極集中型から地方分権型へ大転換していったのである。

政治システムにおいても、鎌倉幕府の成立以降は権力の二極化が進行し、戦国時代に至って、まさに中心なき多極化が進行していく。さらに、倭寇や海洋貿易国家＝琉球王国がつくりあげた東アジア全体を網羅する貿易ネットワークに、ポルトガルとの南蛮貿易が加わり、日本の経済は世界にまたがる遠隔地間商業ネットワークに組み込まれることになった。

こうした商業ネットワークを仲介する商人たちが富を蓄積し、宣教師ガスパル・ヴィレラが「日本のヴェネツィア」と呼んだ、代表者三六人の会議によって運営される堺をはじめとして、長崎や博多といった自治制を採用した武装せる自由貿易都市が大都市へと急成長し、繁栄を謳歌することになったのである。

新たな職業の形成

ここで忘れてはならないのは、このような農業・鉱工業・商業の高度成長と、社会的分業の急速な広がりが、相互に作用し合いながら、新たな職業がダイナミックに形成されていったことである。番匠や葺師といった建築工事職人、鍛冶、鋳物、皮づくりに従事する武器製造職人、日常必要とされる衣料、紙、漆、調度品の製造職人、さまざまな商品を専業化して扱う商人、さらには川や海の水運を担う舟人の集団など、新たな職業が生みだされていく。

その種類は非常に多く、一六世紀初頭に成立した『七十一番職人歌合』には、一四二種類の職業に従事する職人、商人、芸能民が記録されている。こうした多様な職業を持つ人びとから構成される城下町や自治的な性格を帯びた寺内町、港町が、表１に示した大都市以外にも全国各地に形成されていく。各地の農村においても、すでに述べたように各種の家内制手工業が成立して都市的性格を帯び、局地的市場圏の原型を形成していった。

これまで、変革の性格を色濃く持った戦国時代の経済発展を凝縮して概観してきた。これを踏まえて次章からは、戦国時代の社会システムの基本構造を明らかにしたい。

補足リサーチ１

知識ネットワーク発信拠点＝学校と図書館の歴史

本章では、約一万七〇〇〇冊の蔵書を持ち、約三〇〇〇人の学生がいた足利学校について述べた。ここでは、図書館を兼ねた足利学校を知識ネットワーク発信拠点である学校と図書館の歴史に位置付けておきたい。

日本史上における学校は、七世紀に天智天皇によって初めて創設された。七〇一年（大宝元年）には大宝律令の学令などによって都（藤原京〔奈良県橿原市〕）に大学寮が、各国ごとに国学が設けられ、儒教中心の教育が開始される。また、律令制のもとで書籍・経典・国史を保管する図書寮が設置された。さらに奈良時代には、日本最初の公開図書館である芸亭が設立されている。

とはいえ、当時の学校も図書館も基本は中国の模倣であり、民衆に教育の機会を与えたわけではない。したがって、古代の知識ネットワークは、ごく限られた支配階級の範囲でしか受信されなかったと言える。

中世に至ると、一二七五年(建治元年)に、執権北条氏の一族である北条実時《さねとき》によって金沢文庫[神奈川県横浜市]が創設される。宗教・政治・歴史・文学など多岐にわたって約二万冊を保管していたと言われ、蔵書印を押した書籍もあった。僧侶の高等教育機関である金沢学校も併設されていた。実時以降、顕時《あきとき》・貞顕《さだあき》・貞将《さだまさ》の四代で、文庫は充実していく。彼らは金沢北条氏と呼ばれ、中国との貿易ルートを掌握し、所領であった六浦《むつうら》には宋船三艘が着岸できたと伝えられている。

このように、金沢文庫の知識収集拠点の範囲は、中国にまで広がっていた。しかし、生徒は僧侶に限られていたし、一部の書籍は貸出が行われていたものの、利用者はごく少数の武士と僧侶に限られていた。知識ネットワークの受信範囲は、やはり限定されていたのである。

戦国時代に至ると、図書館を兼ねた足利学校が盛況をみる。着目すべき点は三つある。

第一に、学生の出身地が北は奥州(東北地方)から南は九州・琉球まで、全国を網羅していた。

第二に、教育の中心は孔子廟があるように儒学であったが、時代の経過とともに易学、兵学、医学も取り入れるようになる。これは、戦勝を目的とする戦国大名の実用的要請に応えたものと言えるだろう。

第三に、ザビエルが言った「日本国の中にある一一のアカデミー」がどこに所在していたかだ。ザビエルは、京都に六つと、高野山、根来《ねごろ》[和歌山県岩出市]、比叡山、近江三井寺[滋賀県大津市]をあげている。京都を中心に一〇のアカデミー[6]が畿内に集中している一方で、最大規模は関東地方の足利学校だった。すなわち、戦国時代における知識ネットワークの発信拠点は二つの地域に集中していたのである。ここから、戦国の社会が文化の面でも二つの中心を持つ分権型であることが明らかになる。

ただし、知識ネットワークのカバー範囲に民衆は含まれていない。民衆の知識習得は、江戸時代の寺子屋の普及まで待たねばならなかった。

筆者は、足利学校と金沢文庫を相次いで訪ねた。足利学校では、学校門や孔子廟、そして復元された庭園から、往時を偲ぶことができる。残念ながら、金沢文庫には当時の建物はなかったが、跡地に歴史博物館があり、絵画、彫刻、工芸品、古書といった金沢文庫の収蔵資料が展示されていた。さらに図書館もあり、宋船が着岸された港湾都市＝六浦の概要を知ることもできた。現地を訪ねた成果はあったと言えるだろう。

（1）湯浅赳男『日本を開く歴史学的想像力』新評論、一九九六年、一五三ページ。

（2）鉄砲製造に関する戦国の職人たちの生産技術能力の高さは、二つの実績から証明されている。ひとつは、本文で述べたように短期間に大量生産を可能にしたことである。一五四三年（天文一二年）に種子島に鉄砲が伝来して五七年経った関ヶ原［岐阜県］の戦いにおいて、東西両軍合わせて五万丁が使われたと言われている。これに一向衆徒や地侍・農民が保有する数を加えると、さらに多い。同時代の世界を見渡しても、これだけの数を流通させた鉄砲生産国はない。もうひとつは、鉄砲の用途に合わせた専用機の生産である。このことに関しては、第5章で詳細に説明する。

（3）通説否定論は、藤本正行氏が『信長の戦争』（講談社学術文庫、二〇〇三年）の「第5章 長篠合戦」で述べられている。

（4）太田牛一著、榊山潤訳『信長公記（上）』教育社、一九八〇年、二七二ページ。
（5）ピーター・ミルワード著、松本たま訳『ザビエルの見た日本』講談社学術文庫、一九九八年、六八ページ。
（6）京都に近い山城、大和、河内、和泉、摂津を指す。現在の京都府南部、奈良県、大阪府、兵庫県東部。

第2章 戦国の社会システムと領国経営

社会の基本構造

戦国の社会システムは、各地に割拠する戦国大名の領国を主要な単位に成立している。こうした領国制の基本的構造の理解が、情報ネットワーク社会としての戦国時代の特性を考察するうえで必須の前提条件となる。このコンテクストを踏まえ、戦国の社会システムの特性として三点が挙げられる。

第一は、地頭や在地領主層といった国人が土地領有権を握っていたことである。しかも、この国人領は、ときには団結して一揆を起こすような地侍、農民の住む自律性の強い複数の農村によって構成されていた。戦国大名は、その支配が必ずしも盤石とは言えない領主である国人と主従関係を結ぶことで成立していたのである。

第二に、戦国大名の領国の周囲に存在していたのは、他の戦国大名の領国や国人領だけではない。一方では、土一揆や一向一揆により自治的に支配された共和制型の国や地域、そして独立した自治都市・自由貿易都市があり、他方では貴族、寺社の支配力が低下しつつある荘園が入り組んで、モザイク状に並存していた。

第三に、戦国大名の領国内にも彼らの専制支配が及ばない領域があった。それは、課役が免除されて軍隊が介入できない無縁所（権力が及ばない地域）としての寺であり、公界《くがい》（公共）としての自治都市であり、自律と平等に基づく一揆を形成する農村である。また、後に述べる市場にも専制支配は及ばなかった。網野善彦氏は、こうした無縁所や公界の領域においてすべてのことがその理念どおりに実現されると、自由・平等・平和の理想的世界がもたらされる、と指摘している[1]。もっとも、領国支配を徹底させようとする戦国大名は、無縁所や公界の範囲を限定し、なるべく自らのコントロール下におこうとしており、そうした理念は常に制約されていた。

視点を変えて見れば、戦国大名の領国といえども、一律な専制支配により、領国の隅々にまで専制君主である戦国大名の支配が行き渡っていたわけではないと言える。

次に、こうした構図を踏まえて、戦国の社会システムの要となる戦国大名と国人の関係を解明しておきたい。

国人は、土地の領有権を形式的には主君である戦国大名から与えられるが、実質の領有権はあくまで国人にある。したがって、戦国大名は自身の直轄地以外に領有権はなく、土地と農民の直接支配ができないし、国人は年貢を戦国大名に納める必要はない。しかし、国人はその代償として軍役の義務を負う。そのため、各戦国大名はきめ細かく軍役体系を定めるとともに、一定の租税を賦課することで、領国の財政基盤を確立せねばならなかった。

このように戦国大名領とは、独立性が強く支配は盤石と言えない国人領と直轄地の複合体から成立し、その国人領は自律性の強い農村や都市から構成されていたことから、二層の構造のいずれにおいても、支配する側から見れば脆弱で不安定な体質を内在させていたと言える。戦国大名

図2　戦国の社会の全体的構図

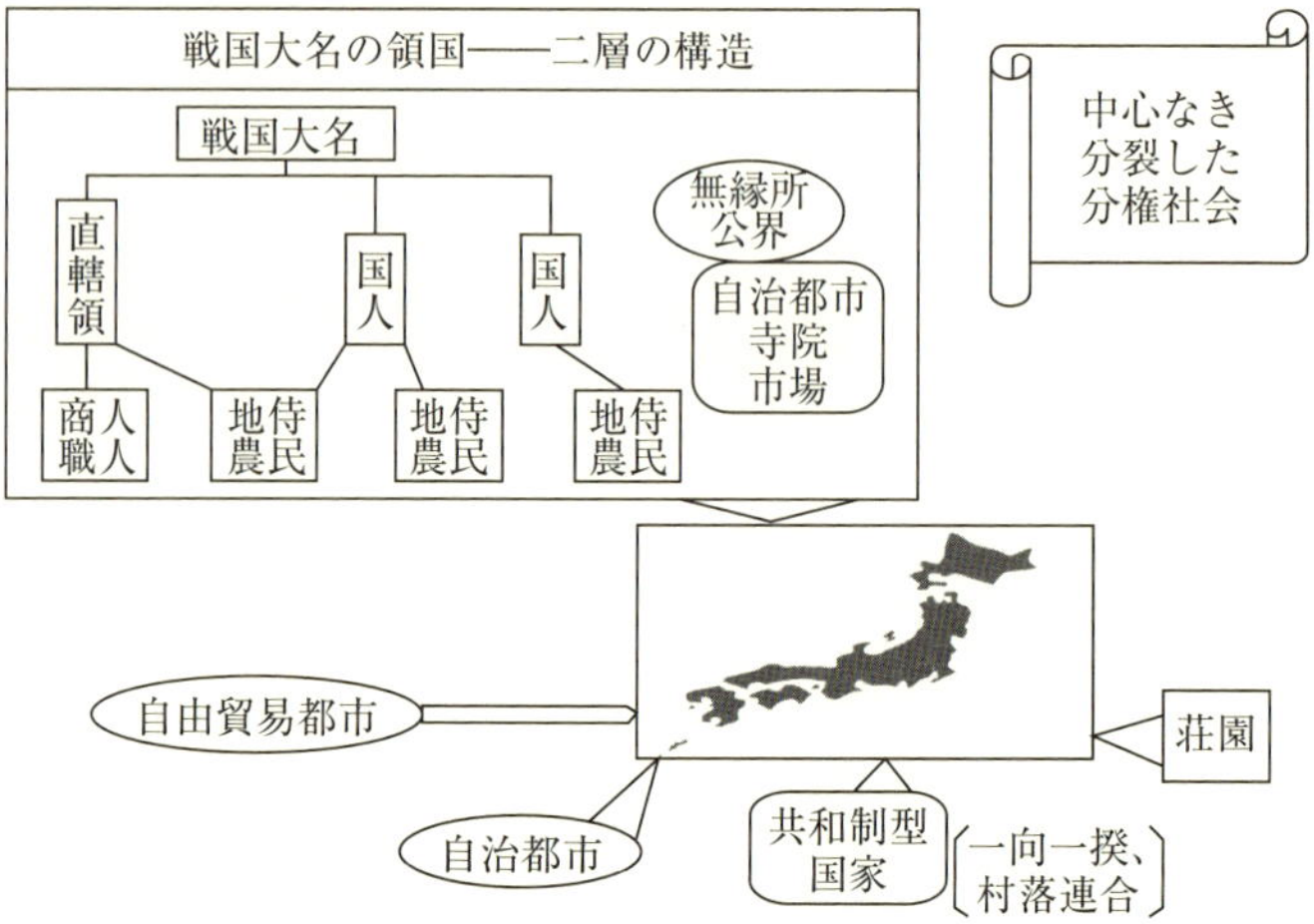

たちは、こうした社会システムの構造的脆弱性を克服するために、領土拡大の過程で、国人を直臣《じきしん》(直属の家臣)、譜代(代々仕える家臣)、国衆(土着の武士)、外様《とざま》(傍流の家臣)に再編成し、分割統治して家臣団化するとともに、専制支配が及ばない寺院や自治都市や市場に対する支配力を強化していった。

こうした特性を持った各地に割拠する戦国大名の領国を主要な単位に、台頭する自治的支配の国・地域や自治都市・自由貿易都市、さらには衰退する荘園が加わり、あるときは戦争し、勝者が敗者を自領に組み込み、またあるときは相互に提携していく。離合集散を繰り返すことで、戦国の社会システムは成立していたのである。

以上をまとめると、戦国の社会システムの全体的構図は図2のようになり、その特性は、中心なき分裂した分権社会と規定できる。次章から本格的に考察する戦国の情報ネットワークは、こうした社会システムの基本構造の上に張り巡らされることになる。

能力主義の社会

戦国大名は、大きく分けて三つのプロセスを経て成立している。

第一に、守護大名が管理国を私的領国に転化した甲斐の武田氏や薩摩の島津氏のケース、第二に越後［新潟県］の上杉氏のように守護代（守護大名の職務代行人）が守護大名に変わり実質権力を掌握したり、安芸［広島県西部］の毛利氏のように国人が下剋上によって守護大名を屈服させ、他の国人を支配下におくことで台頭してきたケース、さらには油売りだった美濃［岐阜県南部］の斎藤道三や浪人だった相模［神奈川県］の北条早雲といった一代で戦国大名に成り上がり、国人の上に君臨したケースである。このなかで、第二と第三のケースが圧倒的に多い。

一見すると第三のケースは数が少ないように見えるが、織田信長の武将だった農民出身の豊臣秀吉、前半生が定かでない明智光秀や滝川一益も、このケースに加えることができる。さらに、豊臣秀吉配下の大名であり鍛冶屋を祖父に持つ加藤清正、父が桶屋だった福島正則、堺の薬商人の次男だった小西行長などを加えると、第三のケースはかなり多く見られる。

第二のケースも、その祖先をたどっていくと、第三のケースとの差異を見いだし難くなる。たとえば平氏を名乗っていた織田信長は、尾張［愛知県西部］の守護代の一族だったが、何代か遡ると、越前［福井県東部］の荘官にたどりつくと言われている。源氏を名乗っていた徳川家康も、何代か遡ると、三河［愛知県東部］松平郷［豊田市］の土豪の娘と遊行僧（各地を布教してまわる僧）が結ばれてできた子どもがルーツだと伝承されている。いずれも、祖先をたどると平氏や源氏である根拠が薄弱であり、天下を統治する権威付けのために名乗ったにすぎないことが明らかになる。

こうして見てくると、戦国大名の多くは成り上がり者だったと言って、さしつかえないだろう。さらに言えば、斎藤道三だけでなく、秀吉配下の加藤清正、福島正則、小西行長といった大名たちは、その出身が武士でさえない。その典型であり象徴的存在が、農民出身でありながら天下を統一し、国の最高指導者まで登りつめた豊臣秀吉であろう。

まさに戦国の社会は、下剋上の力学がダイナミックに働く社会だったのである。われわれ現代に生きる知的冒険者は、この下剋上の社会への大転換を、「伝統的な社会秩序が破壊され、身分の低かった成り上がり者が支配する社会へ変質した」とネガティブに捉えるのではなく、「能力主義が社会の隅々にまで徹底された社会」へレベルアップしたとポジティブに捉えるべきではないだろうか。

たとえ、どれほど氏素性が卑しくても、実力と能力があれば階級・階層の低くなった壁を乗り越えて出世できる社会。それは、流動性があって新陳代謝をビルトインしたフレキシブルな社会であり、近代市民社会成立後の現代の目線から見れば、「機会均等が徹底された、きわめて健全な社会」と言えるだろう。

このことを長い日本史の時間軸に沿って遡っていくと、中世に至って武士が台頭して以降、しだいに能力主義が社会の評価基準になったことが明らかとなる。そして、戦国の社会は能力主義が社会全体を覆い、上から下まで貫徹される支配原理となっていたと、歴史的には位置付けられる。

総力戦としての領国経営

こうした社会システムを土台にして、戦国大名は領国経営に知恵と工夫をこらし、領国拡大のサバイバルゲームに挑戦していく。

このゲームに勝つかどうかは、言うまでもなく、いかに強い軍事組織を構築できるかにかかっていた。とはいえ、戦国時代も後半になると、大名間の戦いは総力戦の様相を呈するようになり、単に軍事組織の強さだけでは勝利の決定打になりえなくなる。

勝敗の帰趨は、大量の武器・弾薬・兵糧の補給――いわゆるロジスティクスに左右されていく。さらには、軍事情報ネットワークの構築、交通網の整備、商人や職人の動員力、金銀採掘による貨幣の獲得、四面楚歌を回避するための外交戦略の展開も、勝敗を左右した。

こうした総力戦の勝敗は、農業生産力のアップや鉱工業と商業の発達を、いかに自らの領国経営に取り込み、社会システムを変革し、競争力のある領国経営ができるようになるか、言わば戦国大名の経営手腕の良し悪しにかかっていた。現代の経営学のタームで表現するならば、こう言い換えられる。

「イノベーターとしての戦国大名が、各産業のイノベーションによる経済力をどれだけ迅速に強化できるかが、勝ち抜き戦に勝利するための必須条件となってきた」

戦国大名の家法

戦国大名の多くは、このような経済力の強化による総力戦へ挑戦するとともに、領国内において下剋上や反逆行為を抑制するために、独自の家法(掟、しきたり)を制定していく。自ら下剋上で成り上がってきたにもかかわらず、秩序ある支配による安定した領国経営を実現し、戦国大名としての自らの地位を盤石にするために、彼ら自身の過去の自己否定とも言うべき家法の制定に走らざるをえなかったのである。

家法の考察は、戦国の領国経営の特性を照らし出す。戦国大名の代表的家法としては、今川氏《うじ》親《ちか》が制定し、子である義元が補訂した『今川仮名目録』や、奥州・伊達家の一七〇条にも及ぶ『塵芥集《じんかいしゅう》』がある。本章では、領国経営の性格が端的に示されている朝倉家と武田家の家法を考察しておきたい。

まず戦国大名の家法の先駆けとなった越前の朝倉孝景の一七箇条の条文からは、中世的権威主義にとらわれない革新性・合理性を読みとることができる。その特性として第一に、門閥打破を主張し、能力や忠誠度によって人材を登用しようとしている。第二に、吉日・方角などにとらわれる迷信を否定し、さらには兵農分離の推進による城下町の建設にまで言及している。そして、これが後の朝倉氏の本拠地・一乗谷〔福井市〕の城下町建設につながっていく。

次に、甲斐の武田家の甲州法度《はっと》を条文別にみると、「地頭と百姓」「田畑の境界」「訴訟」「けんか・刃傷」「知行地売却」などがある。ここから、国人領主である地頭の自律性・恣意性を抑制しようとする立法であったことがわかってくる。

反面、上から押さえつけるだけではなく、秩序ある支配を実現するために、家法の制定者である戦国大名自身を規制する条文もあることを、見落としてはならないだろう。実際、第五五条において、「晴信（＝信玄）の行儀、そのほかの法度、以下において旨趣相違のことあらば、貴賤を選ばず目安（＝原告として出廷すること）を以て申し訟うべし」と、法度制定者である信玄自ら法を守っているかどうか、国人・領民のチェックを受けると宣言している。[2]

このような先進的な家法の内容から、多くの戦国大名の領国経営が、国人領主たちとの合意形成を基本に、法による支配を志向していることが明らかになる。注意深く考察するなら、戦国大名の言行録からもそれを読みとることができる（ただし、織田信長のように、合意形成を無視して、上からの専制支配に徹した例外的ケースもあった）。

イノベーターとしての戦国大名

領国経営者として台頭してきた戦国大名の共通項は、ストイックなライフスタイルを自らに課し、進取の気性に富んでいたことであろう。たとえば、後北条氏の創設者である北条早雲は、家訓として以下を定めていた。(3)

「朝はともかく早く起きよ」

「文武は共に兼ね備えなくてはならぬ」

「少しの暇あらば、本を取り出し、文字に親しめ」

「読むだけでなく書くことも常に手慣れるようにせねばならぬ」

また、戦国最強と言われた島津軍団の創設者である島津日新斎《じっしんさい》は、こう述べていた。(4)

「人はすべて寸刻を惜しんで日々新たな終身学習をしなければならない」

こうした戦国の名将たちの言行をたどっていくと、現代の先端産業におけるイノベーションを追求する優秀な企業家たちと人物像が重なって見えてくるのは、筆者だけではないだろう。

さらに戦国の名将たちは、組織のイノベーションも心掛けていた。たとえば、秀吉の軍師だった黒田官兵衛の息子・長政は、会議の席で直諫《ちょっかん》した家臣を高く評価し、その後は序列にこだわらず、主君にへつらうことなく意見を言うことを会議の決まりとしたと言われている。(5)長政は、客観的に正しい情報が遮断されずに伝わることを目指したのである。

これを組織の視点で捉え返すと、長政が常に組織を浄化し、組織を健全に保つためのチェック機構を設けたことを意味している。彼はチェック機構を通じて、組織のイノベーションを意識的に追求していったと言える。

こう考えてくると、戦国という変革の時代において、めまぐるしい時代環境の変化を先取りするために、ストイックなライフスタイルを基礎に、あらゆる面でイノベーションを追求することが、戦国大名においても、現代の企業家と同様に生き残りの必須条件として要請されていた、と言えるだろう。そして戦国大名の目線からは、彼らがリーダーシップを発揮しようとすればするほど、戦国の社会が、自由度の幅が狭く、制約が意外に多く見えたのではないだろうか。

なぜなら、周囲に群雄が割拠し、一瞬たりとも油断できなかったという事情もあるが、それ以上に彼らの領国支配が、国人衆を介した二層構造であり、コントロール下におけない無縁所や公界の存在によって、脆弱で不安定な体質を内在せざるをえなかったからである。そうであるがゆえに彼らは、こうした制約条件を突破すべく、独立性の強い国人衆を統制のとれた家臣団に再編し、家法に基づく支配を徹底すると同時に、無縁所や公界を経済面からもコントロールすることで、強い領国を目指したのである。

その後は、知恵と工夫を不断に重ね、強い領国を実現した戦国大名のみが勝ち残り、勝ち残り組の中でのさらなる総力戦に果敢にチャレンジしていくことになった。

補足リサーチ2

下剋上のデータ分析

本章では、戦国の社会を能力主義の社会として捉え、戦国大名の成立プロセスを時系列に追跡することで三ケースに分け、下剋上の実態を概観した。この補足リサーチでは、本章とはまったく逆の視点から、戦国時代の終焉時にどれだけの守護大名が大名として残ることできたかを確認しておきたい。

室町時代には三二の守護大名が存在した。一三三六年(延元元年)に室町幕府が開府されてから、一四六七年(応仁元年)に応仁の乱が勃発するまでの期間、全国に割拠する守護大名は、領国に対して軍事・警察・司法権に加え、経済支配を強化していく。しかし、応仁の乱以降、戦国時代に突入すると、足利幕府を頂点とする統治システムが崩壊し、多くの守護大名が戦争に敗れる。彼らは、滅亡するか、領国統治権を奪われて衰退していく。表2では、滅亡ないしは没落した守護大名と存続できた守護大名を、二つに分けて示した。

表2　滅亡・没落した守護大名と存続できた守護大名

滅亡・没落した守護大名	存続できた守護大名
斯波氏、畠山氏、一色氏、赤松氏、山名氏、富樫氏 北畠氏、土岐氏、今川氏、大崎氏、武田氏、千葉氏 上杉氏、尼子氏、六角氏、仁木氏、小山氏、結城氏 大内氏、大友氏、少弐氏、阿蘇氏、渋川氏、河野氏 小笠原氏、宇都宮氏　26	細川氏、京極氏 伊達氏、佐竹氏 島津氏、宗氏　6

江戸時代まで存続しえた守護大名はわずか六家で、存続率は一九％にすぎない。そして、あらためて以下の三点を確認できる。

①四カ国以上を領国としていた有力守護大名は、肥後の外様大名として生き残った細川氏を除き、存続できなかった。

②武田氏、尼子氏（出雲〔島根県東部〕）、今川氏、大内氏、六角氏（近江〔滋賀県〕）、富樫氏（加賀）は戦いに敗れて守護大名の地位を失い、富樫氏にいたっては一向一揆により滅ぼされた。

③江戸時代まで同じ領国を支配したのは、伊達氏、島津氏、宗氏（対馬〔長崎県〕）のみである（「上杉氏と結城氏は存続した」という反論があるかもしれない。だが、上杉氏は長尾氏である上杉謙信が、結城氏は徳川家康の次男秀康が、それぞれ家督を相続している。したがって、家名は残ったが家系としては存続しえなかった、と判断した）。

この下剋上のデータ分析からも、戦国時代は全国各地で支配者が劇的に入れ替わった「下からの変革の時代」だったことが明らかとなる。

（1）戦国大名の専制支配の及ばない領域の特性は、網野善彦氏の著書である『無縁・公界・楽――日本中世の自由と平和』（平凡社ライブラリー、一九八七年）に詳細に説明されている。
（2）甲州法度は、杉山博『日本の歴史11戦国大名』（中央公論社、一九六五年、四二六～四三七ページ）にまとめられている。
（3）小田原北条家の家訓『早雲寺殿二十一ヵ条』。
（4）西東玄『戦国名将　生き方の極意』PHP文庫、一九八七年、六二ページ。
（5）前掲（4）、一六〇～一六一ページ。

第3章

戦国の軍事情報ネットワーク

――書状による情報伝達

情報という言葉の起源は、一八七六年（明治九年）に、陸軍少佐の酒井忠恕が『仏国歩兵陣中要務実地演習軌典』の訳文で使ったことに求められる。森鴎外も、一九〇三年（明治三六年）にクラウゼヴィッツの『戦争論』を初めて翻訳した際に、情報と訳している。

このように、情報という言葉が軍事用語としてスタートしたことは、戦争において情報がいかに重要であるかを象徴的に表しているように思える。眼を転じて、われわれの生きる現代に戻しても、戦争における情報の重要性は変わらない。さらに、企業間戦争における情報の重要性も高まっている。

現代から戦国を見る落とし穴

戦国の軍事情報ネットワークを描く際に、まず注意すべき点がある。それは、二一世紀の現代社会に生きるわれわれが所与の条件としている情報ネットワークが、戦国の社会でも同じように利用可能だと無意識のうちに設定して間違った分析をする、という落とし穴に気付かないことである。

現代の情報ネットワークは新聞や週刊誌であり、テレビやラジオである。現代人の日常生活に空気のように不可欠の存在となっているマスメディアは、一六世紀の戦国の社会に、当たり前のことだが一切存在しない。江戸時代に普及するマスメディアである瓦版さえ、存在しない。もちろん、携帯電話もパソコンもない。電子メールによる時空間の制約を越えた他者とのコミュニケーションは不可能だ。

これは、世の中の動き全体をリアルタイムに知ることができないことを意味している。遠隔地にいる人間とのコミュニケーションは、時間的にも空間的にも強い制約下にある。

たとえば、戦国の雄である武田信玄の目線になってみよう。上杉謙信の軍勢が川中島［長野市］に進軍してきた事実は、狼煙《のろし》のリレーによって、約一六〇キロの距離であっても二時間で把握できた。しかし、謙信が越中［富山県］や関東に進軍していることは、忍者によって情報を得るにしても、かなりの日数を要した。まして、台頭する信長の動向、京都の政治情勢、西国の戦国大名の力関係の変化、さらに遠隔地の情報となると、かなりのタイムラグがあるうえに、断片的にもたらされるだけである。

信玄の目線からは、甲信の領国以外は、あたかも濃霧の中にある風景のようにぼやけてしか見えない。しかも、何日も前のぼやけた風景である。情報収集と伝達のネットワークシステムを強化していた信玄をもってしても、戦国社会の全体状況をリアルタイムには俯瞰できなかった。

軍事情報ネットワークを支えるツール――書状、使者、飛脚

それでは、マスメディアがなく、情報化の未発達な戦国時代の軍事情報ネットワークは、いか

なるツールを用いて成立していたのだろうか。その答えは書状、現代風に言えば手紙である。そして、その書状を書く媒体は和紙である。

和紙の歴史は古い。はるか飛鳥時代の六一〇年(推古一八年)に中国から製紙技術が伝来した。当初は、仏教の普及により、写経する媒体としての役割を担った。奈良時代には本格的な国産化が始まり、全国各地で製造される。鎌倉時代には、利用者が公家や僧侶から武士に広がった。室町時代に至ると、和紙の生産・流通業者が集まって「紙座」が形成され、販売権を独占するようになる。

そして戦国時代に入ると、戦国大名が和紙に書いた書状を駆使して領国支配を進め、家臣である武士たちも書状を書く機会が増えていく。そのため、武田信玄などが和紙の生産を奨励した結果、紙座の排他的な特権は否定された。

このように、情報産業に和紙という媒体を提供することで、情報ネットワーク社会を支える製紙業が形成されていったのである。とはいえ、和紙は高価な貴重品であった。ようやく江戸時代になって、書物が大量に販売されることで、和紙の需要も急速に高まる。情報ネットワーク社会を支える製紙業が、産業としてtake off(離陸)する段階に至ったのである。以後、和紙を大量に生産・販売する製紙業が発展していく。

では、和紙によって書かれた書状は誰によって運ばれたのだろうか。(1)

戦国時代に書状という「情報」を「伝達する者」は、使者であり、飛脚《ひきゃく》だった。そこで、まず使者の性格を明らかにしていこう。

使者は、戦国大名の家臣に課せられた大事な役割（義務）の一つである。その役割は、単に書状を渡すだけではない。同盟国や敵国のトップである大名と会話し、主君の真意を伝え、場合によっては説得せねばならない。高度な戦略眼と交渉力が必要となり、おのずから適性のある家臣は限られる。しかも、敵国への使者の場合、道中においても交渉の場においても、危険がつきまとう命懸けの役割である。そのため、成功時の恩賞とは別に、万一の場合に備えて、子どもの取り立て（登用）も含めた補償がなされていたようだ。

戦国時代の代表的使者と言えば、毛利氏の外交僧と言われた禅僧の安国寺恵瓊《あんこくじえけい》であろう。一五七〇年（元亀元年）の豊後［大分県］の大友氏との和睦成功を皮切りに、将軍・足利義昭の処遇をめぐって織田の使者となった羽柴（豊臣）秀吉との交渉、そして一五八二年（天正一〇年）の備中［岡山県西部］高松城対陣時の織田・毛利の和睦交渉とりまとめなどに活躍した（このとき信長は本能寺で横死しており、その情報が毛利方に伝わっていなかったため、結果的に毛利氏に不利な和睦成立となる）。

その後も恵瓊は活躍し、その交渉力と高い見識を評価され、秀吉によって、僧侶でありながら伊予［愛媛県］の大名に取り立てられた。「信長が高転びし、秀吉が躍進する」という予言でも有名である。だが、秀吉の死後は将来を見通すことができなかった。一六〇〇年（慶長五年）の天下分け目の関ヶ原の戦いで、西軍に属すものの参戦できずに捕まり、石田三成と小西行長とともに

処刑された。(2)

使者のユニークな成功例としては、徳川家康の使者・村越茂助《むらこしもすけ》の例が挙げられる。

関ヶ原の戦いの直前、会津［福島県西部］の上杉景勝に謀反の疑いありという理由で、下野《しもつけ》［栃木県］の小山まで進軍した東軍諸将は、石田三成の挙兵により、西軍を討つべく反転して東海道を尾張の清州城［清須市］まで西上した。しかし、彼らは元々は豊臣秀吉配下の大名で、西軍に寝返る潜在的可能性がある。そこで、江戸にいた家康は、村越を使者として清州城に向かわせた。

村越茂助は、胆がすわった生真面目で頑固な性格だったと言われる。福島正則をはじめ歴戦の猛者ぞろいの東軍諸将と対坐し、「なぜ家康公は来ないのか！」と厳しく問い詰められても動揺しなかった。

「なぜ、東軍諸将は西軍に対し戦争を仕掛けないのか！　その見極めがつくまでは西上できない！」と、家康の叱責の口上をそのまま伝えたと言われている。彼らはこの口上に従い、西軍の岐阜城攻略に向かった。

これは、家康が村越の性格を巧みに活用して、自らの真意を忠実に迫力も含めて伝えさせ、去就定まらぬ東軍諸将を西軍攻撃に向かわせるという所期の目的を達成した、成功例と言えるだろう。このように、情報の伝達者として、どんな使者を起用するか、どんな局面で派遣するかが、戦国大名の外交戦の成否、ひいては戦争そのものの帰趨を決定的に左右したのである。

次に、飛脚の性格を明らかにしていこう。飛脚は、足の速さを利用して書状を迅速に届ける配達人である。初期は、足の速いプロフェッショナルが担うケースと、僧侶、宿場の商人や宿場周辺の農民が領民の賦役として担うケースがあったようだ。

その後、永禄年代（一五五八〜一五七〇年）に至り、飛脚の利用が急増すると、特別に足の速い早飛脚がリレー方式で途中交代する、続飛脚《つぎびきゃく》による遠隔地への迅速な情報伝達ネットワークが構築されていく。この飛脚利用の高度化と機能分化は、宿駅・伝馬システムの制度化をもたらす。

城下町を起点に、各地の支城や領国の国境に向けて複数の駅路が整備され、二〜三里（一里は約四キロ）間隔で駅が設けられた。駅には数頭の伝馬が公用に提供され、情報伝達に利用された。こうした駅制は、武田、上杉、後北条など主に東国の戦国大名によって制度化されていく。

駅制によって整備拡充された交通輸送網は、第一に飛脚の情報伝達を支える交通インフラとして機能し、第二に戦国大名間の総力戦に必須となる軍事インフラとしての役割すなわち軍隊を運ぶ軍事幹線道路の役割を担い、第三に商業ネットワークを活性化させるための基幹物流網としても利用された。この三つの役割を担う駅制を採用した戦国の交通輸送網の整備・拡充が、江戸時代における情報伝達と商業発展のための全国を網羅した「道のネットワーク」成立につながる。

ただし、戦国時代においては、対立する戦国大名の領国間の交通は戦時には遮断されていた。そのため、使者や飛脚による情報伝達はときに遅延し、トラブルに巻き込まれて書状を紛失したり、敵に書状を奪われたりして、情報が伝達されない場合もあった。明智光秀の書状がそうであったように、そのことを知らない情報発信者である戦国大名の致命的な判断ミスにつながる結果ももたらした。

こうしたリスクを回避し、情報伝達を確実に実現するために、戦国大名はさまざまな方法を考えだした。通常の交通路が遮断されている場合は、山岳地帯の道なきルートを踏破できる山伏に情報伝達を担わせたり、敵が国境に関所を設けている場合は、商人や芸能民に巧みに変装できる忍者に密書を託したりしたのである。

とくに、武蔵［東京都、埼玉県、神奈川県の一部］の岩槻［さいたま市］城主であり知将と言われた太田資正《すけまさ》は、補足リサーチ3で紹介するように、使者でも飛脚でも山伏でも忍者でもない、常人の思考回路では考えつかない敵中突破のための情報伝達の方法を編みだした。

このように戦国大名は、情報伝達に非常に苦労していた。情報収集においても、時間的にも空間的にも限られた制約の下におかれていた。繰り返しになるが、戦国社会の全体像は霧の中にあって、ぼやけている。戦国大名は、断片的情報を集めて情勢分析し、意思決定せざるをえない。現代に生きるわれわれからは想像できない、厳しい環境下に常時おかれていたのである。

それでも彼らは、サバイバルゲームを勝ち抜いていかねばならない。それゆえ、厳しい制約を逆用し、よりアクティブに情報の誤った伝わり方を意図的に追求して、情報戦に勝利しようとする謀略大名が登場することになる。

偽情報を意図して流す謀略大名

①毛利元就《もとなり》

謀略大名の筆頭は、安芸の国人領主から中国一〇カ国と九州二カ国を支配する大大名に成り上がった毛利元就である。元就は、戦争において何よりも情報を重視し、情報収集ネットワークの構築を意識的に追求した。情報収集の役割は世鬼《せき》一族が担っていたと言われている。世鬼一族は二五家あり、表向きは中間《ちゅうげん》（武家奉公人）として元就に奉公しているが、実際の仕事は忍者だった。彼らは敵国の情報収集を担うとともに、さまざまな謀略戦を展開する。

元就は、単に軍略・戦略といった武略だけでなく、謀略・策略を重視した。元就の代表的戦いであり、毛利氏発展の契機となった西の周防《すおう》［山口県東南部］を本拠とする陶晴賢《すえはるかた》との厳島《いつくしま》［広島県廿日市市《はつかいちし》］の戦いでは、世鬼一族が暗躍し、偽情報を敵国・敵将に意図して流すことで、軍勢の圧倒的な劣勢をカバーして、劇的な勝利を引き寄せた。

他方で元就は、厳島の戦い以前に、東の山陰の尼子氏の力を削ぐための布石を打っている。「尼子のトップである尼子晴久の叔父であり、実力者の新宮《しんぐう》国久が、謀反をたくらみ、毛利に内通している」という偽情報を忍者たちに巻き散らかせたのだ。しかも、手のこんだことに、毛利氏が国久の加勢を了承したという書状まで偽造して、尼子の家臣に渡るように仕組んだ。その結果、晴久は国久を殺してしまう。

こうして元就は、西の陶晴賢と全力で戦うために、事前に東からの尼子の脅威を減殺できたのである。まさに、謀略の戦略的計画的な実行者であり、深謀遠慮の人物と言える。

②織田信長

第二の謀略大名は、織田信長である。

信長が戦国大名として飛躍する契機となったのは、一五六〇年（永禄三年）の桶狭間［愛知県豊《とよ》明《あけ》市］の戦いである。信長はこの戦いで、東海三国を領国とし圧倒的戦力を誇る今川義元に勝つために、独自の情報ネットワークを構築し、リアルタイムな情報入手による今川本軍攻撃を計画した。そして、桶狭間一帯の地勢に詳しいがゆえに、作戦計画の障害となる今川方の武将・戸部新左衛門の抹殺をもくろむ。その方法は、まさに謀略と言うにふさわしい。

まず新左衛門の書状を手に入れ、次に本物と見分けがたい筆跡で、こんな偽書状を右筆《ゆうひつ》（文書作成者）に書かせた。

「今川義元西上の合戦の際は、織田方に寝返る」

さらに、この書状が今川方の武将に渡るように仕組んだ。今川義元は、この書状を本物と信じこみ、即刻、新左衛門の殺害を命じた。その半年後、信長は桶狭間で義元を討ちとり、勝利する。現代のわれわれから見ると、油断も隙もない謀略戦が合戦の前に実施された時代である。

桶狭間の戦いにおいてもうひとつ忘れてはならないのは、誰が一番の恩賞にあずかったのかだ。恩賞ナンバーワンの人物は、今川義元を討ち取った毛利新助でも、最初に一番槍をつけた服部小平太でもない。リアルタイムに情報を収集し、桶狭間で義元が休息するという情報をいち早く信長に伝えた、簗田政綱《やなだまさつな》であったと言われている。実際に政綱は、ナンバーワンの功績者として、後に沓掛城［豊明市］の城主となっている。実際の戦闘での功績者よりも、迅速に正確な情報を収集した人間を信長が高く評価していたことが、ここからはっきりわかる。信長は、戦争の勝敗が事前の情報収集にかかっていると確信していた(3)。

③豊臣秀吉

豊臣秀吉も、合戦を有利に進めるための謀略を駆使している。

本能寺の変（一五八二年（天正一〇年））を知った秀吉は直ちに、関西にいて信長横死に動揺している大名・武将たちに嘘が書かれた書状を送り、明智光秀を討つべく、「中国大返し」により関西に戻る。その文面には「信長は生存している。ともに光秀を追討しよう」と書かれていた。本能寺の変で京都周辺が混乱し、確実な情報を得ることが難しくなったなかで、この信長生存の書状の効果は大きかったという。

多くの大名・武将たちが信長生存情報を鵜呑みにしたとは思えない。とはいえ、「ひょっとして生きていたら」と思わせる心理的効果は大きく、彼らは秀吉側につく。こうして四万人を超える軍勢を集結させ、一万五〇〇〇人の明智勢を圧倒し、山崎［大阪府と京都府の境］の合戦を勝利に導いたのである。この勝利により、秀吉の天下人への道は大きく切り開かれた。

④徳川家康

偽情報を意図して流す謀略家という点では、徳川家康も例外ではない。関ヶ原の戦いで西軍の大将に祭り上げられた毛利輝元に対する家康の謀略は、冷徹な知能犯の手口を連想させる。

毛利軍を率いて関ヶ原に進出した吉川広家は、「軍を動かさねば、毛利の本領を安堵（領有権を公認）する」という起請文《きしょうもん》（約束を破らないことを神仏に誓う文書）を渡され、その起請文どおり関ヶ原の南東にある南宮山《なんぐうさん》から軍を動かさず、東軍勝利に大きく貢献した。合戦後も、毛利の本軍は難攻不落の大阪城におり、西軍巻き返しの機会は十分にあったにもかかわらず、輝元もこの起請文を信用して、大阪城を開城してしまったのである。

しかし、起請文の署名者は、家康の取次にすぎない本多忠勝と酒井忠次であり、家康本人ではなかった。家康は大阪城入城後、これを理由に輝元に難癖を付ける。そして、毛利の本領を安堵せず、中国一一カ国から周防、長州［山口県西部］の二国へ大幅に領土を削ることに成功する。

結局、輝元も広家も冷徹な知能犯である家康に翻弄され、完全に騙されたと言える。

⑤伊達政宗

奥州で「梟雄《きょうゆう》」と言われた伊達政宗も、書状に関する謀略を用いている。政宗は、本物の書状を偽の書状と強弁するトリックとも言うべき仕掛けをつくりあげた。自分の出した一揆を扇動する書状が秀吉の手に渡り、「謀反の疑いあり」と追及されたとき、偽の書状であると嘘をつき続け、難を逃れたのである。なぜ、危機を切り抜けられたのだろうか。

それは、詰問する秀吉に対し、「自分の書状には、花押《かおう》（署名の代わりに書く記号）に針で穴を開けている。この花押にはその穴がない。それゆえ、この書状は自分の筆跡をまねた偽の書状である」と強弁できたからである。むろん政宗は、謀反に加担した書状が事前に露見するリスクを想定して、こうしたトリックを用意周到に仕込んでいたのである。

政宗は、これまでの例とは逆に、正しい情報を偽の情報であると言いきることで、謀略を隠し通した。戦国も末期になって歴史の表舞台に登場した政宗は、よく「遅れてきた青年」のように言われるが、こと謀略に関しては「他の大名に先行し、先頭を進む青年大名」だったのである。しかも、大胆不敵にも天下人・秀吉を騙した、胆の据わった確信犯だったと言える。

⑥武田信玄

これまで紹介した偽情報は、書状や起請文といった和紙に書かれた文書を使って謀略を成立させていた。これに対して、偽の人物を使って謀略を成立させた戦国大名もいる。その代表は、自らの死後も影武者を活用させた武田信玄である。

信玄は、一五七三年(元亀三年)の三方ヶ原[静岡県浜松市]の戦いで徳川・織田の連合軍に勝利したが、翌年二月に病没する。そのとき、「新体制が固まるまで、我が死を三年間隠し通せ」という遺言を残した。そのため、死を公表せず、側近でさえ見分けがつかないほど似ていたと言われている弟の信廉《のぶかど》が影武者となり、内外に信玄存命を装ったのである。

さらに信玄は、自分が生きている証拠として、かねて用意した八〇〇枚の花押のみを書いた白紙を、死後に領国外に出す書状に用いるように指示していた。このトリックにより信玄は、死しても偽の書状を出すことができた。

一方、武田家の周辺大名は、「信玄死す」の噂の真偽を確かめようと、使者を送ってきた。北条の使者は、暗い部屋で信玄を装った信廉に謁見し、「信玄は生きている」と報告している。このように影武者を使うことで、北条の使者を騙すことができた。だが、信廉の努力にもかかわらず、数カ月も経つと、甲斐に潜入した忍者や間者(敵の様子を探る者)の情報収集活動もあり、信玄の死は各戦国大名に知られることになったと言われている。

謀略の原典『孫子の兵法』

いささか辟易するほど謀略の事例を紹介してきたが、そもそも戦国大名は、こうした謀略を何から学んだのだろうか。一般に当時の戦国大名や軍事参謀が学んだ軍事理論の原典は、中国の古典七書である。したがって、彼らの多くがその代表である『孫子の兵法』から学んだ可能性が高い。『孫子の兵法』は、約二五〇〇年前の中国において、孫武という将軍が書いた一三編から構成される兵法書である。わずか六千数百字に簡潔にまとめられており、現代のわれわれが読んでも、時代のギャップをまったく感じさせない。平易で格調高く、それでいて合理的かつ科学的で、奥が深い。ナポレオンや毛沢東といった歴史の東西を代表する卓越した戦略家が座右の書としていた理由が、実感できる。その特徴は四点にまとめられる。

第一に、必ずしも好戦的な軍事優先主義ではなく、政治優先のフレキシブルな発想を有している。「戦わずして勝つことが最善の策である」と主張し、「勝算なきは戦うべきではない」と説く。さらに、「戦争は国家の重大時であるから、慎重に対処すべき」としている。

第二に、戦争のさまざまな局面を合理的かつ科学的に分析し、法則性の抽出に成功している。

第三に、戦争における謀略の意識的活用を推奨している。(4)「兵ハ詭道ナリ」すなわち「戦争は騙し合いである」と強調し、「敵の目をくらまし、判断を誤らせる」べきだと主張する。軍事作戦の基本は、敵を欺き、謀略の罠に陥れることだというのである。先に述べた戦国大名の謀略事例の多くは、それを忠実に実践して成功したと言えそうだ。

そして、とくに重要な第四の特徴は、情報の徹底した重視である。たとえば、謀攻編の有名な「彼ヲ知リ、己ヲ知レバ、百戦シテ殆《あや》ウカラズ」。さらに「敵を知らず、味方を知っていれば、一勝一敗」し、「敵も味方も知らない者は戦うごとに必ず負ける」。敵軍と自軍の情報を収集・分析して戦況判断する重要性、それに基づいて戦略策定したうえで戦争することの大切さを、孫子は強調している。

では、他の兵学者や軍事理論家は、戦争における情報をどのように把握していたのだろうか。この点について、プロイセン（ドイツ）の軍事理論家カール・フォン・クラウゼヴィッツの理論と対比することで、情報重視の孫子の兵法を評価していきたい。

クラウゼヴィッツは一九世紀前半の著書『戦争論』の第6章「戦争における情報」で、情報を性格付けている[(5)]。彼は「情報という語は、敵および敵国に関する知識の全体を意味し」、「戦争における計画並びに行動の基礎を成す」と規定した。しかし、情報は「本来の性質」において「絶えず変遷して結局当てにならない」とし、戦争で入手する情報の多くは、「互いに矛盾」し、「多くの部分は誤って」おり、「もっとも多くの部分は、かなり不確実である」と述べる。さらに、「人間の恐怖心が、情報の虚言や虚偽の助長に力を貸す」と、戦争における情報の信頼性にきわめて否定的な評価を下している。

クラウゼヴィッツは、「戦争のはなはだしい混乱」の局面にフォーカスすることで情報に否定的になりすぎているように思えるが、それにしても孫子の情報重視と対照的である。このように両者が対照的になった原因は、クラウゼヴィッツが情報の定義の範囲を敵と敵国に限定したのに対し、孫子がより広いパースペクティブの中で捉えていたことに求められそうだ。

加えて、孫子の情報収集方法の提案は多面的で奥が深い。それは、用間編において、敵状把握のためのスパイを五つの種類に分けて定義したことに示されている。

孫子は敵状を探るスパイを徹底的に重視した。まず、明君賢将とは、先行して敵状を探り出し、必ず敵を破る人物であると述べる。そして、敵に気づかれずにスパイを使いこなすことが最高の軍事技術であり、スパイは全軍の中でもっとも信頼のおける人物を選び、最高の待遇を与えるべきであるとした。さらに、名将たる者、勝敗に直結する情報活動の費用を惜しんではならないとしたのである。現代の戦争にも参考となる孫子の先見性には、目を見張るものがあると言えるだろう。

振り返って、孫子を座右の書とし、もっとも孫子から学んでいた日本の戦国大名は、孫子の兵法を管轄した大江流軍学の継承者である毛利元就であり、「風林火山」の旗を掲げた武田信玄である。この二人が、孫子の兵法の戦争への活用では双璧を成していた。

書状の多様な役割

これまで述べてきたように、戦国時代において書状は、軍事情報ネットワークを行き来するコミュニケーションの主要なツールとしての役割を担っていた。なかでも、謀略実行のツールとして、戦いの帰趨を左右するほどの決定的役割を担っていたのである。同時に書状は、さまざまな目的で書かれていた。そこで戦国の情報ネットワークを軍事の枠を超えてより広い範囲で捉えておくために、その多様な役割を考察しておきたい。

書状の目的は、大きく三つに分けられる。第一は、他の大名・武将との外交文書として、自国を有利にするための説得工作である。第二は、家臣のロイヤリティーを高め、結束を固めるためである。第三は、家族に対する愛情表現や教育である。

この三つの目的からわかるように、戦国大名として存立するうえで、書状は絶対に必要な手段だった。戦国時代において、書状は遠隔地と情報伝達するための主要なメディアであり、濃密なコミュニケーションを成立させる唯一のメディアである。この点を考慮するならば、戦国大名にとって書状を書くという行為は領国支配の一環として不可欠だったと言える。

こうした理由から、戦国大名は筆まめにならざるをえなかった。そして、その多くが相手にきめ細かく気を配り、豊かな表現力を駆使した書状を書くことができた。「文は人なり」と言われるが、彼らはそれぞれ個性的な書状を書いている。

戦国大名たちの書状

①伊達政宗

誰よりも個性的で魅力的な書状は、伊達政宗によって書かれている。その最大の特徴は、自筆の書状が圧倒的に多いことである。

豊臣秀吉も徳川家康も書状の数は多い。だが、多くを右筆に書かせていた。現存する自筆の書状は、秀吉が八〇通、家康が二五通だ。これに対して政宗は、一〇〇〇通を超える自筆の書状を残している。二一世紀の現代においても、ワープロ機能を使って打たれた手紙よりも自筆の手紙のほうが誠意があると受けとられる。戦国に生きる政宗も、自筆で書くことの効果を知りつくしていたのである。実際に政宗は、十男・宗勝に自筆で書状を書くようにアドバイスしていた。

そして政宗の書状からは、相手の立場に立っての気配りが随所に感じられる。それは、遺訓にもはっきりと示されている。

「朝夕の食事は、うまからずとも褒《ほ》めて食うべし。元来客の身なれば、好き嫌いは申されまじ」

家臣に対しても、厳しく指導する反面、感動に震えるような心のこもった書状を出している。身近に接する側近に対してだけかもしれないが、自分の酒席での失態を率直に認めて反省する内容もある。また、武士に限らず、領国内の農民・商人の生活が安定するように、きめ細かく指示する書状も書いた。

こうした慈愛に満ち、気配りのある政宗だが、他方で戦国の梟雄と言われていたように、弟の小次郎を殺害し、初戦の小手森城［福島県二本松市］攻略戦において城主をはじめ女性や子どもを含めて千数百人全員をなで斬りにしている。謀略にもたけており、すでに述べたように胆の据わった確信犯として、天下人・秀吉を騙した。

現代人は、常に多かれ少なかれ、さまざまな顔を使い分けて生きている。一六世紀の戦国大名も同じなのだが、彼らの場合、これが同一人物の所業かと思われるほどその振幅が大きい。とりわけ政宗においては、その振れ方が極端である。

敵対者に対する冷酷で大胆不敵な行動と領国内の家臣・領民に対する気配りの行き届いた繊細なアプローチが、一人の人物の中で同居している。このように一筋縄ではいかない政宗の人間的魅力は、味方に対しては抜群の人心掌握力として発揮され、敵に対しては油断のならない悪魔的パワーを顕現させる。

②上杉謙信

軍神と言われて敵に恐れられた上杉謙信も、家臣に対しては情愛に満ちた思いやりのある書状を書いている。後継者となる甥の景勝が少年のころには、戦場から「戦勝祈願のお守りが届き、とてもうれしい」「字が上手になったので、お手本を送る」と細やかな愛情をこめた手紙を書いた。

③武田信玄

〝甲斐の虎〟武田信玄も、家臣にきめ細かく気配りした書状を書いている。たとえば、足軽大将の原与左衛門尉《よざえもんのじょう》に対し、「その地において、お前が長い間苦労していることは、よくよく承知しているぞ」とねぎらい、「しかしながら……みんなが駐屯しているのだから、お前一人だけが苦労しているわけでもないことも、わかってくれ」と、激励している。

信玄は、父の信虎を追放し、長男・義信を切腹に追い込む、冷徹な顔も併せ持っていた。ところが、他の家族は大切にしており、情愛に満ちた書状を書いている。北条氏政に嫁いだ娘が懐妊した際は、富士御室《おむろ》浅間神社［山梨県富士河口湖町］に祈願書を書いた。

「娘が身ごもりました。つきましては、娘の安産と母子の健康・長寿をお願いお祈りしております。願いを叶えてくださいましたら、舟津の関所を自由に通行できるように、取り計らうことをお約束致します」

次男が天然痘になり、両眼失明の危機に陥ったときは、「自分の右眼をもって、次男の右眼と交換する」と、禅宗寺院に申し出ている。

④織田信長

一向宗徒や伊賀の忍者、民衆を大量虐殺し、「天魔」と恐れられた織田信長も、味方に対しては彼らの立場を気遣いする書状を出している。典型的な例が、秀吉の妻おねに対する気配りの書状だ。「そなたほどの女房は、あの禿げ鼠（秀吉）には求めがたい」と断言し、「嫉妬などに陥ってはいけない」と、おねに気遣いしている。しかも、この書状は公式文書として出されており、「秀吉にも見させるようにお願いする」とあるように、部下の夫婦が円満な関係に修復できるよう気配りしているのである。

⑤豊臣秀吉

信長の気配りの受取人である豊臣秀吉は、いかなる書状を書いていたのだろうか。

戦国大名に出した書状からは、すでに述べた信長生存情報など虚言を平然と吐く謀略性と、実態以上に大げさに自軍有利の噂が流れるようにする情報操作性に、その特徴を見いだすことができる。

他方で、家族向けの書状は、当て字や片言（たどたどしい不完全な言葉）など気にせず、漢字を使うことは稀で、ほとんどの文は平仮名で書かれている。明るく大らかで、人間味あふれ、やさしい心遣いが隅々まで感じられる書状が多い。しかし、晩年の秀頼に対する書状は異様である。幼児・秀頼への盲目的な溺愛から、秀頼の機嫌を損じた四人の女性を「叩き殺してあげる」と書くに至っては、常軌を逸していると言わざるをえない。

それでは、秀吉が自筆遺言状でこの溺愛する「秀頼事、成り立ち候やうに、たのみ申し候」と書いた五大老の筆頭である徳川家康は、どのような書状を書いたのであろうか。

⑥徳川家康

「文は人なり」という名言は、家康にもっともあてはまるように思える。感情を抑制し、慎重に周囲に気配りし、地に足のついた着実な行動をとる家康の性格は、書状にも反映されている。巧みに効果を織り込みながら、簡潔な文章を作成するのである。

家康は書状を右筆に書かせるケースが圧倒的に多かった。自筆で書いた前田家重臣の村井豊後守への書状においては、「右筆に頼まず自ら書いた」と、やや恩着せがましく東軍側で戦ったことへの感謝の気持ちを表現している。また、すでに述べたように、関ヶ原の戦いにおいて、自分の意向を匂わせた書状を取次である家臣や東軍側の大名に書かせている。これらは計算されつくした謀略的な情報発信であり、しかも計画的だ。毛利輝元は、まんまとこの巧妙な罠にはめられてしまった。

また、家康はこの天下分け目の戦いにおいて書状を乱発していた。直前の一六〇〇年（慶長五年）七～九月の三カ月間に、実に一七六通も発信している。これらの多くの書状を通じ、裏切りの勧めも含めた多数派工作を巧みに推進し、勝利に結び付けたのである。

戦国大名の書状――リテラシーによる比較

最後に、「書き言葉を、作法にかなったやり方で読み書きできる能力」すなわちリテラシーという切り口から、各戦国大名の書状を点検しておく必要がある。

和漢の書を広く学習し、詩歌も学んでいた戦国大名随一の教養人である武田信玄のリテラシーが、群を抜いて優れている。徳川家康も古典を熱心に学習していたが、その学習方法は実利的で、政務に役立てる範囲を超えることがなかった。それゆえ、ボキャブラリーは限られており、信玄の文章より明らかに劣っている。古典に関心のなかった信長や秀吉の自筆の書状は、平仮名ばかりで読みづらく、リテラシーはさらに低い。

このように戦国大名を比較した場合のリテラシーの大きな差は、農民出身の秀吉が戦国大名に成り上がったように、下剋上による社会の流動化が、たぶんに影響している。そして、下剋上による社会の流動化は、第7章で本格的に分析する戦国の社会全体の識字率のアップやリテラシーの向上、さらには文字社会化の進展にも、大きく影響することになる。

補足リサーチ3

犬を使った軍事情報伝達

筆者は、この史実を地元の蓮田《はすだ》市［埼玉県］の図書館で中世の郷土史資料を読んでいるときに、新鮮な驚きをもって発見した。その史実とは、曽祖父が太田道灌である太田資正による、常人には考えられない軍事情報の伝達方法である。(6) 以下では、そのユニークな軍事情報伝達の概要を紹介したい。

太田資正は、河越夜戦《かわごえよいくさ》で北条軍に奪われていた松山城［埼玉県吉見町］を一五四六年（天文一五年）に夜襲により奪い返した。北条軍は松山城を奪すべく、再三にわたり包囲攻撃を試みる。しかも、北条氏の忍者である風魔《ふうま》一族が包囲網をつくり、すべての使者を葬っていた。にもかかわらず、そのたびに岩槻城から迅速に援軍が到着したため、北条軍は退却せざるをえなかった。

松山城包囲の情報は、誰がどのようなやり方で伝達していたのだろうか。

その伝達者は、人間ではなかった。松山城で訓練された犬だったのである。事前に、犬に松山城から岩槻城への道を覚えさせておく。そして、北条軍が来襲した際に、救援依頼の密書を竹筒に入れ、この犬の首に結び付け、北条軍の陣地を駆け抜けさせて、迅速に岩槻城に届けたのだ。北条軍も忍者である風魔一族も、犬が情報伝達の役割を担っていたとは想定すらしていない。あまりに早い岩槻城からの救援に驚愕し、包囲網を解かざるをえなかった。

日本犬は全力疾走すると、最高時速約三二キロ。持久力もあり、時速一〇キロ程度なら長時間にわたって走れるという。松山城と岩槻城の距離を定規で測ると、約三〇キロだ。訓練された犬による情報伝達時間は、三時間程度だったと推定できる。

現代のマラソンランナーのような速度で走れる使者をもってすれば、二時間以内に情報は伝えられる計算だ。しかし、それは直線であることが前提だし、それ以前に使者が人間であれば包囲網を突破できない。

筆者は、自宅近くの武蔵野の面影の残る松山から岩槻に至るルート周辺をよく散歩する。その際、いまから約四六九年前の戦国時代に、密書の竹筒を首に結び付けた犬が、武蔵野の森と田畑を疾走していたと想像すると、妙にリアルにその情景が頭の中に浮かびあがる。そして、健気に疾走する犬の姿から、「インターネットも携帯電話もない戦国時代において、確実で迅速な情報伝達がいかに大切だったか」がひしひしと実感できる。

情報伝達に知恵をしぼった知将・太田資正が、時空を超えてとても身近な存在に思えた。

（1）使者と飛脚に関しては、山田邦明氏の『戦国のコミュニケーション』（吉川弘文館、二〇一一年）に詳細に説明されており、参考にさせていただいた。

（2）戦国時代の使者の多くを禅僧が担っていた。その理由を網野善彦氏は、「彼らが『敵味方の干渉に及ば』ぬ『公界者』だったから」だとしている（『無縁・公界・楽――日本中世の自由と平和』平凡社選書、一九八七年、七九ページ）。したがって、禅僧である安国寺恵瓊が外交僧だったことは、特異なケースではないと言える。

（3）戸部新左衛門の抹殺計画、および桶狭間の戦いの恩賞ナンバーワンが簗田政綱であったことは、小和田哲男氏の『戦史ドキュメント 桶狭間の戦い』（学研M文庫、二〇〇〇年）を参照した。桶狭間の戦いは、かつての奇襲説が疑問視されるようになり、信長軍が正攻法で今川本軍に勝利し、義元を討ち取ったという説が有力となっている。その急先鋒が「長篠の戦い」の通説を否定した藤本正行氏である（第1章（3）参照）。ただし、その説は戦いの奇襲的要素を全否定するなど、やや極論にすぎるように思える。実際の戦いの把握においては、小和田哲男氏のドキュメントが、桶狭間付近を自ら歩いて調査したうえで信長軍の行動の不明な部分についてきめ細かく推定するなど、緻密に考察されており、妥当な解釈をされていると言えるだろう。

（4）金谷治『孫子』岩波文庫、二〇〇〇年、一七四〜一八五ページ。

（5）カール・フォン・クラウゼヴィッツ著、篠田英雄訳『戦争論（上）』岩波文庫、一九六八年、一二八〜一三〇ページ。

（6）『蓮田市史（古代中世資料編）』埼玉県蓮田市教育委員会、一九九九年、二八二ページ。

第4章

戦国の軍事情報ネットワークⅡ

——忍者が担う情報収集・情報攪乱・謀略戦

情報収集・情報攪乱者＝忍者の活躍

忍者という言葉を聞くだけで、多くの日本人は、少年少女のころに憧れ、若き血をたぎらせた記憶が蘇るのではないだろうか。筆者も、『伊賀の影丸』や『忍者武芸帳』を夢中になって読み、自分自身が忍者になった気分となり、手裏剣や忍び刀を作って友人たちと陽の暮れるまで遊んだことを、懐かしく思い出す。

そして、おとなになっても寸暇を惜しんで、司馬遼太郎の『梟の城』や『風神の門』、池波正太郎の『真田太平記』といった忍者が活躍する小説を読み耽ったことを、昨日のように鮮明に覚えている。火遁や水遁、木遁といった忍術がどういったものか、興味津々だったことも思い出す。

日本人は、なぜ、これほどまでに忍者に憧れるのだろうか。

その理由として、四つが挙げられる。第一に、誰もが持つ変身願望を忍者が実現できている。第二に、仕事の単位で雇われるケースが多いため、特定の支配者に長期間拘束されない自律性を持っている。第三に、個人の特殊技能を磨くことで、仕事のプロフェッショナルとなって活躍できる。そして第四に、陰の部分が見えないことによる神秘性である。要するに、忍者はクールで、かっこいいのだ。

とはいえ、この四点だけで忍者の魅力が語り尽くされるとは言えない。その魅力は、汲めども尽きない。とくに、スーパーヒーローが八面六臂に活躍する忍者小説を原風景にして忍者を論じていくと、際限もなく想像力が膨らみ、かえって実像が捉え難くなってしまう。また、超人的とも言える特殊能力・特殊技術に眼を奪われると、地味だがきわめて重要な本来の役割を軽視することになりかねない。そこで本章では、戦国の軍事情報ネットワークにおける情報収集・情報攪乱者としての本来の機能にしぼり、忍者の活躍を考察していきたい。

忍者の基本的な役割は、身を隠しながら、主に敵国での情報収集を担うことである。場合によっては、偽の情報や噂を流して敵を攪乱する。ときには敵の城中に忍び込んでゲリラ戦を展開し、敵陣深く侵入して夜襲をかけ、パニック状態にする役割も担う。

このように忍者は、戦国大名の軍事情報ネットワークの最前線で情報戦を戦っていた。ここで特筆すべきは、忍者の敵国侵入により、軍事情報ネットワーク網の末端が、戦闘における最前線のラインをはるかに超えて、敵国に深く喰い込むことを可能にした点である。

忍者には、「細作《さいさく》」「草」「乱波《らっぱ》」「透波《すっぱ》」「隠密」など、いろいろな呼称がある。マスメディアで人の秘密やニュースの裏情報を不意に明るみにだすことを「すっぱ抜く」というが、この語源は忍者の呼称の一つである透波からきている。その位は、リーダーであり国人である上忍、その命令を実行する下忍、上忍と下忍の間をとりもつプレーイングマネージャーともいうべき中忍、の三段階に分かれていた。

忍者を駆使した戦国大名

敵地での情報収集と情報攪乱のプロである忍者。彼らの活躍如何が戦いの勝敗を大きく左右するため、多くの戦国大名が忍者を召し抱えていた。以下では、各忍者の活動を考察しよう。

①毛利元就――世鬼一族

孫子の直系の弟子とも言うべき毛利元就は、すでに述べたように忍者集団の世鬼一族を影の軍団として敵地に深く潜り込ませた。そして、敵国・敵将に対して偽情報を組織的にばらまくことで勝利し、領国の拡大に結び付けている。元就の戦争は、敵国までも網羅する軍事情報ネットワーク網の構築によって情報を操作する、徹底した情報戦争だったのである。

②上杉謙信――軒猿《のきざる》、山伏

上杉謙信は、「軒猿」という忍者集団を使ったほか、自らが真言宗に帰依していたこともあり、山伏を忍者として活用した。彼らは修験山伏として敵国を自由に行き来し、健脚を駆使して山から山の険しい道を踏破できた。そのため、収集した軍事情報をスピーディーに伝達して、軍神と言われた謙信の軍団の迅速な用兵と常に敵軍の先手を打つ素早い的確な駆引きが実現でき、勝利に大きく貢献したのである。

③後北条氏——風魔一族

関東に蟠踞《ばんきょ》する後北条氏は、風魔小太郎を首領とする二〇〇人の乱波集団＝風魔衆を戦場での諜報や攪乱工作に従事させ、大きな戦果を上げている。なかでも一五八一年（天正九年）には、風魔衆二〇〇人が黄瀬川《きせ》［静岡県東部］に布陣した武田勝頼軍の陣地に夜陰に乗じて忍び込み、陣馬の綱を切り、火を放ちながら夜討ちを仕掛け、武田軍を大混乱に陥れた。

④伊達政宗——黒脛巾衆《くろはばき》

伊達政宗も忍者集団をつくりあげ、活用している。政宗が戦場で駆使したのは、黒革の脚絆《きゃはん》を付けた「黒脛巾衆」という羽黒山の修験山伏と農民出身者からなる五〇人の忍者集団だ。黒脛巾衆は、人取橋の決戦［福島県本宮市《もとみや》］や会津の蘆名氏《あしな》を敗走させて奥州の覇者となった摺上原《すりあげはら》［福島県磐梯町・猪苗代町］の戦いなどに貢献した。情報収集だけでなく、流言飛語を意図的に撒き散らして敵方を混乱・動揺させ、伊達軍の勝利を導いたのである。

⑤武田信玄の重層的軍事情報ネットワーク

孫子の信奉者である武田信玄も忍者を積極的に活用し、敵地に深く喰い込んだ軍事情報ネットワーク網を拡充していった。『甲陽軍鑑』には、父・信虎を追放して一八歳で甲斐の国主となった信玄が、翌年には早くも信州の忍者七〇人を召し抱え、そのうち三〇人を甘利《あまり》・飯富《おぶ》・板垣の三将に一〇人ずつ分与して諜報・謀略・監察活動に従事させ、信濃の連合軍を撃破したと記されている。

また、伊賀［三重県西部］と近江の国甲賀郡［滋賀県南部］より先行した、火術を用いた狼煙のネットワークを張り巡らしていた。狼煙台は甲斐だけで七十数カ所が確認されている。きわめて密度の濃い情報伝達網が構築されていたと言える。さらに、棒道（甲斐と信濃の国境を通る軍事道路）を走る飛脚網をつくりあげて、複合化された軍事情報収集・伝達のネットワークを完成させた。信玄はこれらを駆使して、常に敵よりも素早い的確な意思決定を可能とし、「疾《はや》きこと風の如く」迅速な軍事行動を実現したのである。

ここで着目すべきは、信玄が、忍者、飛脚、狼煙、棒道が構成する「人とインフラ」を有機的に関連付け、戦略的に高度なネットワークシステムを創出しようとしたことである。システム化志向という面では、信玄が他の戦国大名から一歩も二歩も抜きんでていたと言える。

こうした高度なレベルに至っても、信玄のシステム化志向は飽くことを知らず、さらに拡充していく。それは、女性忍者「くノ一」の組織化による、異なった切り口からの情報収集である。

信玄は、甲賀出身で信州・佐久にある望月城主の未亡人・望月千代女《ちよめ》を頭領に、くノ一の組織的育成を命じたと伝えられている。千代女は、孤児や捨て子の少女たちを一カ所に集め、口寄せ

図３　武田信玄の重層的軍事情報網

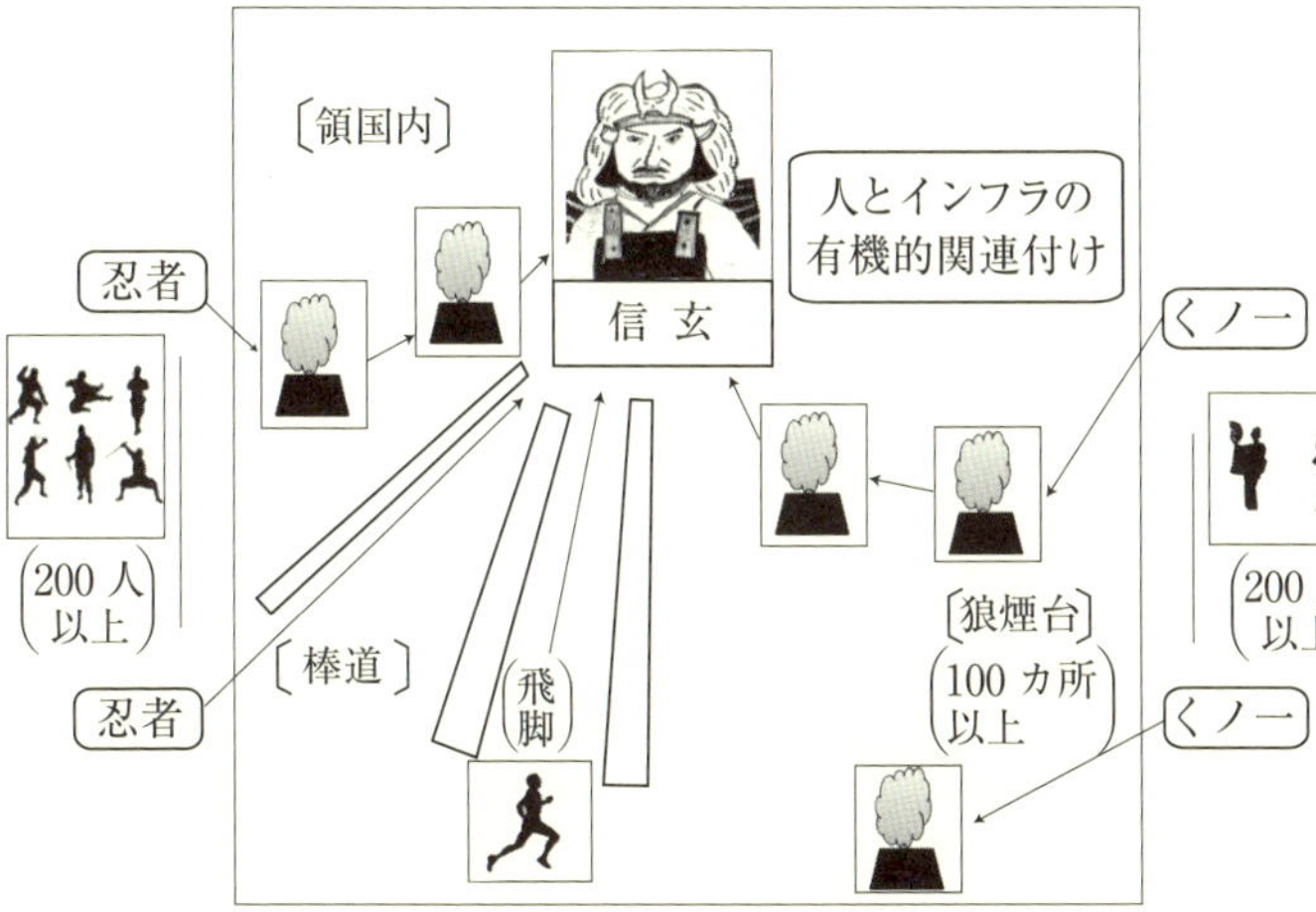

や舞、呪術といった巫女《みこ》道を学ばせるとともに、忍びの訓練をした結果、二〇〇人を超える「歩き巫女」という、くノ一集団ができあがったと言われる。歩き巫女は、修験山伏と同じようにどこでも自由に移動できた。そこで、各地の敵国で口寄せや舞を見せ、ときに敵将に仕えて敵城に住み、場合によっては敵将の側室となって情報を収集し、伝達ネットワークを通じて信玄に報告していたと推定される。

一方、男の忍者もしだいに増え、二〇〇人を超えた。こうして信玄は、男女双方の忍者集団から密度の濃い情報を得ていく。図３のように、重層的な情報収集のネットワークを確立したのである。甲斐の躑躅《つつじ》ヶ崎の館［甲府市］に居ながらにして、諸国の情勢に通暁していた信玄は、出家していたこともあり「足長坊主」と言われ、信長をはじめ近隣の戦国大名に畏怖されていた。

⑥忍者を使わなかった信長

織田信長が忍者を活用していたか否かを見ると、尾張統一前に「饗談《きょうだん》」という間者を使ったという記録はあるが、忍者は活用しなかったという説が多い。この饗談には、一般の家臣がなっていたと言われているので、忍者活用に関する答えは限りなく「否」に近い。情報を重視する信長は、間者を活用した情報収集のネットワークは持っていたが、忍者を活用した具体例を見いだすことはできない。

合理主義者信長にとって、局外者から捉えきれないベールに包まれた忍者の神秘性が、危険で胡散臭く映ったのかもしれない。加えて、忍者集団のある種の自律性、独立重視の特性、さらには忠誠心の乏しい傭兵的な性格が、専制君主たる自分と本質的に合わない、と嫌ったのかもしれない。

一方で、甲賀出身の滝川一益を短期間に武将に引き上げている。しかし、信長が一益を出世させたのは武将としての能力を評価したからであり、忍者の根拠地である甲賀出身を重視したわけではなさそうだ。

このように、尾張統一以前の初期を除いて忍者を使わなかったと推測される信長のような稀なケースもあるが、これまで述べてきた戦国大名に加えて、信長の盟友である徳川家康や部下である前田利家も、自らの軍団に忍者集団をかかえていた。

図4　忍者の仕事と二つの顔

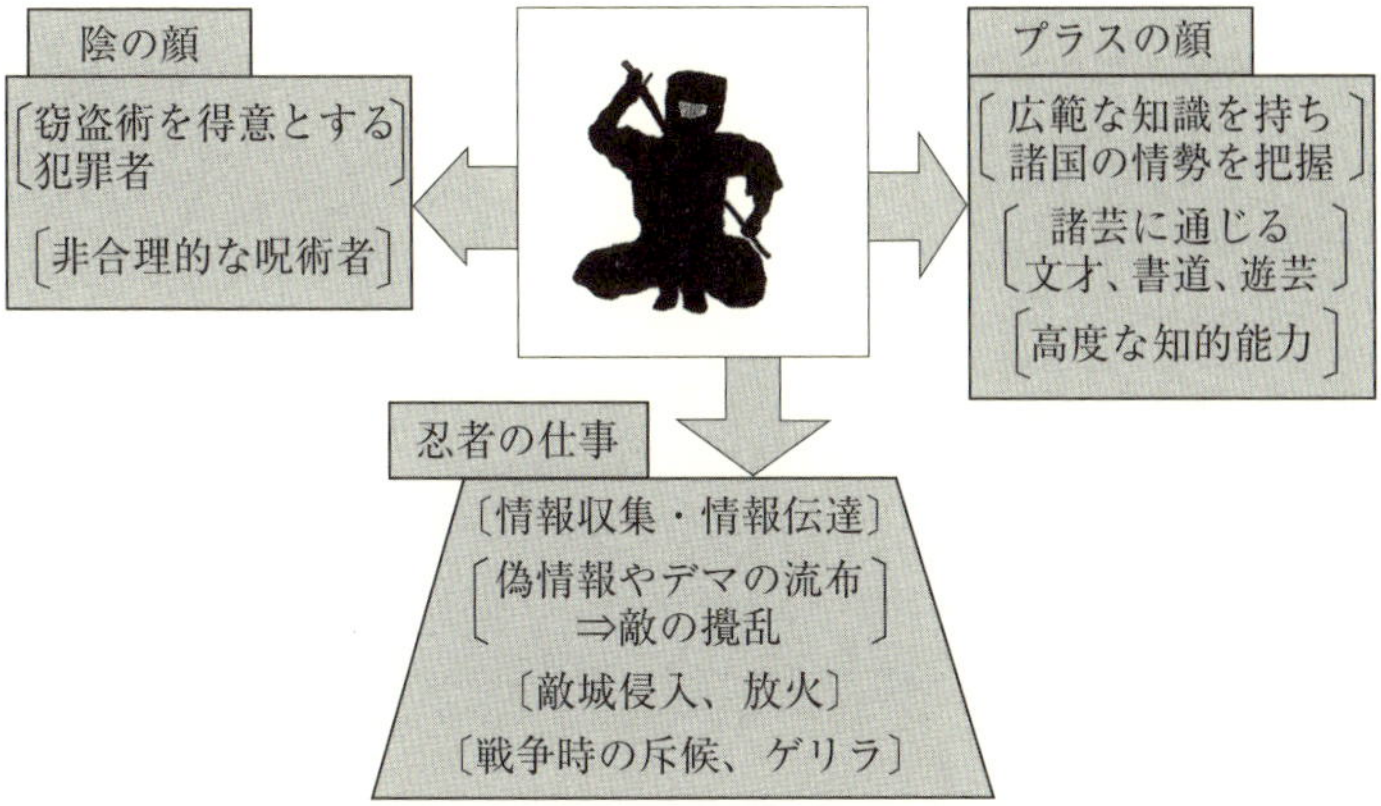

忍者とは何か――忍者の本質

忍者の本来の役割は情報の収集であり、獲得した情報の迅速な伝達である。場合によっては、噂やデマといった偽情報を意図的に流し、敵を攪乱する。活動の場は、ときに領国内や同盟国の場合もあるが、メインは敵国だ。したがって、目的達成のために、敵の城に忍び込み、敵将の会話を盗み聞きしたり、敵将の書状を盗み取ったり、放火したり、といった活動も必要になる。戦争においては、斥候となって敵軍の情報を収集し、夜襲などのゲリラ戦を展開することもあった。

このように忍者の広い範囲の仕事をあらためて並べてみると、光と陰とも言うべき二つの相反する顔が浮かび上がってくる(図4)。

陰の顔としては、人を騙す、書状を盗む、放火するといった、犯罪者に酷似した凶悪な側面である。忍者は、戦国大名という命令者がいたうえで、こうした特殊な役割を担っている。もし命令者なしに同じ行動をとれば、忍術伝書にも「忍術は窃盗術なり」と記されているように、単なる犯罪者に転落してしまう。忍者は、その特殊技能を悪用すれば犯罪の強力な武器に転化できるという陰の特性を、潜在的に内在しているのだ。

また、この特性と密接に関係する非合理的な呪術的特性を持つことも、見落としてはならないだろう。忍者集団形成の起源をたどっていくと、さまざまな集団や土俗的要素が絡み合っている。それは一方で、山伏の修験道や山岳信仰にいきつく。

ここで時代を一二世紀まで遡って、「忍術の開祖だったのではないか」と言われている源義経に触れておきたい。義経は、牛若丸時代に武芸と兵法を習得することで、常人の及ばない跳躍力を獲得し、敵の意表を突いた奇兵により一の谷［神戸市］の合戦を大勝利に導いた。

このユニークな活躍の根っ子は、忍術にきわめて近いと推理できる。なぜなら、跳躍力は忍術の基本だからであり、さらには奥州への逃避行において、義経一行が山伏姿に変装して旅しているからである。義経の行動の軌跡は戦国の忍者の行動と近似しており、忍術の開祖＝義経説は、それなりの説得力を持っていると言えだろう。

他方で、忍者は陰陽道や妖術といった魑魅魍魎《ちみもうりょう》の世界とも重なっていた。実際、「呑牛《どんぎゅう》の術」（牛を呑み込んだように錯覚させる妖術）を見せたと言われている「飛び加藤」のような、妖術使いに近い忍者もいたと伝えられている。

こうした戦国の社会の闇の部分に蠢《うごめ》くような忍者集団の陰の特性とは裏腹の光の面――光という言い方が忍者に似つかわしくないとすればプラスの面――も、見落としてはならないだろう。それを象徴的に表現しているのが、忍術伝書に垣間見られる忍者の理想像である。代表的な忍術伝書『万川集海』には、孫子などの中国の古典を引用しながら、あるべき忍者像が描かれている。戸部新十郎氏は、この伝書に基づき、忍者の理想像をこう要約した。

「忍者は、内外の書を読み、智謀深く、文才・書道・遊芸を身に付け、諸国の事情に通じるべきだ」(1)

忍者には、広範な知識に基づく高度な知的能力が必要不可欠だという主張である。筆者には、この主張が、情報収集・伝達者としての忍者のあるべき特性を本質的に言い当てているように思える。というのは、知的能力がなければ的確な情報収集はできないし、広範な知識に基づく現状分析ができなければ、断片的な情報を客観的な情報に体系化できないからである。

こうした見方は、孫子が「用間は全軍の中でもっとも信頼のおける人物を選ぶべき」と述べて、情報収集・伝達者に高い知的能力と高潔な資質を求めたことに通じている。

とはいえ、ここで想像力をたくましくするならば、この理想的忍者は本質的な矛盾をかかえることになるのではないだろうか。理想を目指す忍者は、広範な知識に基づく高度な知的能力を持つ。それゆえ、他国の異質な組織の人びとに接するという特殊な仕事を重ねると、その役割の忠実かつ冷徹な遂行と、人間性に根ざした親近感や価値観の共鳴から、自己の内面に乖離が生じ、思い悩み、煩悶することになるからである。しかも、この二律背反がもたらす煩悶は、時間の経過につれて拡大していく。

これは、忍者の仕事自体が、深刻なリスクを内在せざるをえない特性を本来的に持っていたことを示唆していると言えるだろう。

伊賀・甲賀の社会システム

次に、個々の忍者やその集団から視野を広げて、戦国大名に雇われた多くの忍者の故郷である伊賀・甲賀ではどのような特性を持った社会システムが形成されていたのかに着目したい。

第一に、伊賀・甲賀ともに全体を支配する戦国大名が存在していない。そのため、上忍である国人が、自分の所領内の中忍、そして日常的には農民であり、午後から日暮れまで忍術の訓練に励む下忍を組織化することで、忍者集団をつくりあげ、その独立した基本組織の集積体が社会システムとなっていった。

第二に、それらの基本組織間で連判状・起請文を回し、全組織合意のもとで国や郡全体の掟を定めた。これは、一国ないしは一郡の規模での惣村連合であり、一揆を意味している。実際、「伊賀惣国一揆」「甲賀郡中惣」と言われていた。自律・団結した惣村をネットワーク化した山城の国一揆、一向宗徒が権力を掌握した「百姓が持ちたる国」加賀と同質の地方自治的な政治権力

図5　伊賀・甲賀の社会組織

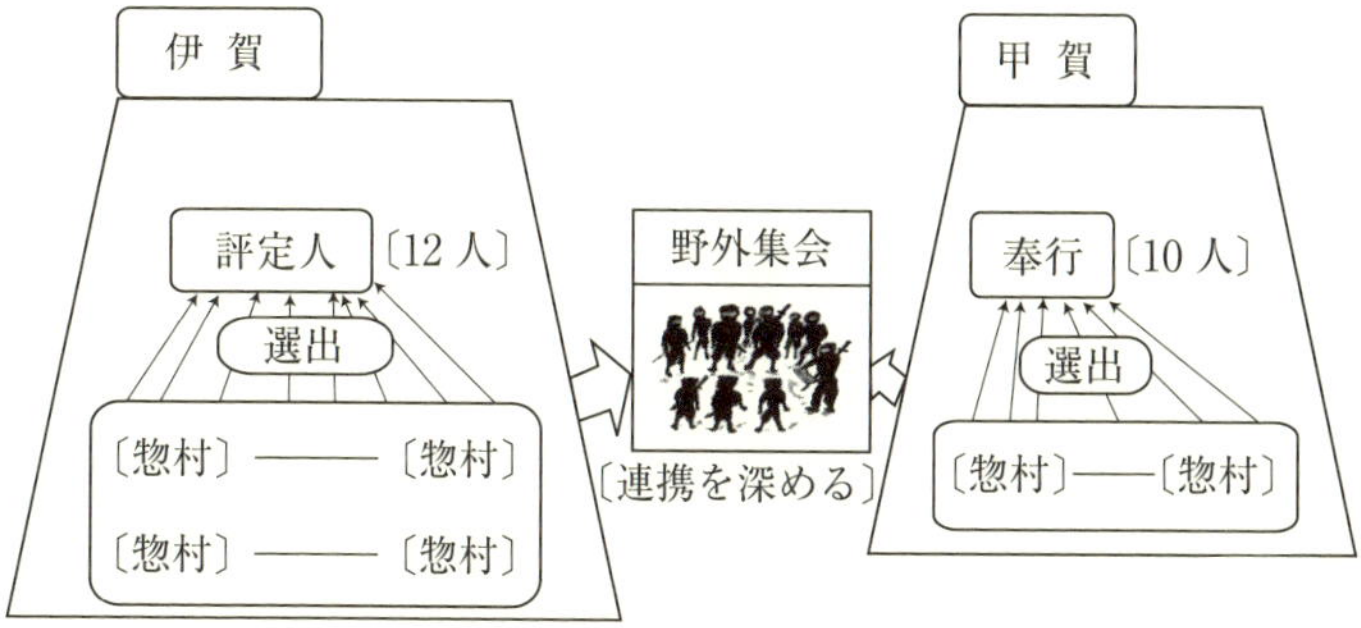

〔選出された評定人 12 人、奉行 10 人が軍事・経済・社会全般の掟を定め、国・郡を運営〕

〔評定人 12 人、奉行 10 人の意見が分かれた場合には多数決で決定〕

が、成立していたのである。

第三に、この社会システムは、伊賀の国では各基本組織から選ばれた一二人の評定人によって運営されていた。彼ら評定人は、伊賀の国における軍事・政治・経済各システムの協業・分業の仕組みを掟として定め、きめ細かく運営していたという。評定人の会合で意見が分かれた場合は、当時の会議録に記されているとおり、多数決で決めていた。甲賀郡においても奉行一〇人を選出し、同様な運営が行われていた。そして、伊賀衆と甲賀衆の連合のパイプを太くするために、随時合同の野外集会も開かれていたと記録されている。

こうした伊賀・甲賀の社会システムをまとめると、図5のようになる。

世界史的視点から捉えるならば、イギリスではすでに議会制度が運営されていた。だが、共和制という点では、一七八九年のフランス革命より二

○○年以上さかのぼった一六世紀に、極東の日本列島にある複数の地域で共和制型国家が成立していたと言える。伊賀・甲賀・山城・加賀の社会システムを世界史的パースペクティブに位置付けると、イギリスに次いで画期的な先進性を獲得していたと評価してよい。

ところが、周辺地域から独立していた伊賀の国にも危機が訪れる。その危機は二段階を踏んでいた。

第一段階は、一五七九年(天正七年)に織田信長の次男・信雄が隣国伊勢[三重県の北中部など]の軍勢を率いて行った伊賀侵攻である。信雄軍の侵攻を事前に察知していた伊賀惣国一揆は、かねて決めていた掟のとおり、村々に鐘を鳴らし、迅速に敵の侵攻を知らせた。そして、直ちに忍者を中心に一七歳から五〇歳までの武装した男性を総動員し、女性や子どもたちも協力して、山岳戦や夜襲の組み合わせによる忍者集団得意のゲリラ戦に持ち込むことで、信雄軍を迎撃する。信雄軍は三〇〇〇人が戦死し、信雄もほうほうのていで退却した。一回目の戦争は、忍者集団が大勝利したのである。

その後、「伊賀共和国」には第二段階の危機が訪れる。信長は、信雄が許可なしに伊賀に侵攻して完敗したことに激怒した。そして、二年後の一五八一年(天正九年)に自ら諸将を集め、織田軍四万四〇〇〇人の大軍をもって、侵攻したからである。信長率いる織田軍は、城や砦のみならず寺社や村落も徹底的に破壊し、忍者や住民を大量虐殺した。この虐殺により、一〇万人の人口は半減したと言われている。

先進的な変革者であるはずの信長によって、一六世紀のこの時期に世界的に先進的な社会システムを築き上げていた伊賀の国は、原型すらとどめられずに、地上から抹殺されたのである。信長はなぜ、伊賀の社会システムや忍者を消し去ろうとしたのだろうか。

それは、信長が専制君主であり、大量虐殺の常習者であるというだけではない。伊賀の共和制型の社会システムが、信長の天下布武による中央集権型社会システムの構想と相容れない性格を持っていることを、彼自身がはっきりと自覚していたからではないだろうか。こうして、大量虐殺と建築物や文化的遺産の根こそぎの破壊によって荒廃した伊賀の国は、織田の領国に組み込まれていく。

生き残った忍者たちの多くは、故郷を追われた。彼らは忍術を習得した特殊技能者である。その技能を活かして、忍者を必要とする全国の戦国大名に雇われていった。その結果、伊賀の国は徹底的に破壊されたものの、伊賀の忍術は全国各地に浸透する。

彼らをもっとも多く雇用した戦国大名は意外にも、信長と盟友関係にある徳川家康だった。もともと家康は、桶狭間の戦いの直後という早い段階から甲賀忍者を雇い、今川方の城を夜襲・火攻めにし、城主を討ち取って落城させたと言われている。他方で、武田家滅亡後に武田の旧臣を井伊家をはじめ家康の有力武将の家臣に採用させ、自らの軍団の戦力強化を図っている。

このように家康は、戦に役立つのであれば、かつての敵であっても自らの軍団に組み入れた。この点では、きわめてフレキシブルな発想を持った合理主義者だったと言える。したがって、伊賀忍者は情報戦・謀略戦に役立つと判断し、何のこだわりもなく積極的に採用した。それが、本能寺の変の直後、大阪方面にわずかな家臣といた家康の最大の危機を救うことになる。

そのときのわずかな家臣の一人が、徳川の武将で、かつ伊賀忍者の頭領である服部半蔵だった。半蔵が道案内人となり、伊賀の国に残っていた伊賀忍者二〇〇人が組織的に協力し、不可能と思われた伊賀越えを実現したのだ。家康は帰国後、伊賀越えに協力した忍者たちも召し抱えた。

忍者の全国分布と活動の歴史的展開

ここで忍者に関する多面的な視点からの分析のまとめとして、日本列島のどこまでを活動範囲としていたか概観し、併せてその活動を歴史的に押さえることにしたい。

日本の歴史において忍者がもっとも活躍した戦国時代は、活動範囲でも前後の時代と比較にならないほど広い領域をカバーしていた。現代の単位で言えば、四七都道府県のうち三三都府県で活動しており、比率で言えば七割に及ぶ。その活動範囲が想定以上に広域であることに驚かされる(2)。

次に出身地別に見てみよう。伊賀忍者は、本国の伊賀以外に、山形の最上《もがみ》家から福岡の黒田家まで、一都八県の大名に召し抱えられていた。甲賀忍者は、本国の甲賀郡以外に、青森の津軽家から広島の福島家まで、一都一府四県の大名に召し抱えられたほか、天皇家の忍びとしても活動したと言われている。このほか、上杉家の軒猿や毛利家の世鬼一族のように独自に成立してきた忍者集団が、一都一府二五県でノウハウと技術を蓄積・伝承して、活躍していた。

一方、忍者の起源をたどっていくと、『孫子の兵法』における「用間」にいきつく。江戸時代に著された忍術の秘伝書『万川集海』を読むと、伊賀・甲賀の忍術がたぶんに『孫子の兵法』の影響を受けていることがわかる。

日本で忍者を最初に使ったのは、大伴細入《さいにゅう》という忍びを側近においた聖徳太子だったと言われている。平安時代末期には、山伏と密接に関係し、「忍術の開祖」と言われた跳躍術と奇兵が得意だった源義経が、彗星の如く世に出てくる。

鎌倉時代を経て北条政権滅亡前後の動乱の時代に至ると、兵法の天才である楠木正成《くすのきまさしげ》が歴史の表舞台に登場する。正成は、伊賀忍者四八人を召し抱えていたと言われる。そして、透波という名前を与えて三班に分け、京・大阪・神戸に常駐させて、情報収集に当たらせた。有名な赤坂城・千早城攻防戦［大阪府千早赤坂村］においても、透波による謀略戦を併用して敵の大軍を翻弄し、実質的に勝利する。正成の透波の活用は、後の戦国大名の忍者活用の先駆けをなしている。その意味で、正成こそ忍者を戦略的・組織的に活用した創始者と位置付けられるだろう。

室町時代を経て戦国時代に至ると、忍者は各地の戦国大名に召し抱えられ、日本列島を網羅して活躍する。なかでも、真田昌幸・幸村親子は次章で考察するように、忍者を活用しながら多くの戦いに勝利するが、その戦術は楠木正成の戦術ときわめて似ている。この事実も、正成が忍者を戦略的・組織的に活用した創始者であることを証明していると言える。

江戸時代に入ると、忍者の仕事の範囲はどのように変わっていったのだろうか。

一六一四・一五年（慶長一九・二〇年）の大阪の陣以降は、戦場で斥候となって敵軍の情報を集めたり、デマ情報を流したり、夜襲を仕掛けたりといった、合戦時の忍者としての活動は完全になくなった。情報収集・伝達の活動は残ったが、忍者の仕事量は大きく落ち込む。その結果、忍者の数は減り、仕事の中味も変質していかざるをえなかった。

江戸幕府が開設されてから三四年を経て勃発した島原の乱（キリスト教徒の武装蜂起）においては、久しぶりに戦場での活動機会がめぐってくる。とはいえ、幕府に属する甲賀忍者たちが城方の兵糧を盗みだす戦果をあげた程度だった。九州の大名に召し抱えられていた忍者たちは、長期にわたって戦争がなかったために実地訓練ができず、世代交代も加わって、目立った戦果をあげられなかった。そのため、藩主から不興をかい、数十人の忍者全員が解雇される細川藩のようなケースも発生する。

その後、戦争はまったく起こらず、平和な時代が長期にわたって続いたため、忍者の活動は幕府の指令に基づく全国の大名家の情報収集に特化した。もっとも、そうした任務を与えられたのは、ごく一部にすぎない。その他の幕府や各藩の多くの忍者たちには、城内や城下町の警備といった本来の得意技とは無縁の仕事しか与えられなかった。

やがて、一七一六年（享保元年）に徳川吉宗が第八代の将軍に就任すると、吉宗からの直接の命令で秘密裡に諜報活動を行う御庭番が新設され、忍者の活動が本格的に復活する。御庭番は全国の大名や幕臣の情報収集を主要な任務とし、吉宗が意思決定する際の貴重な情報源として役立った。この任務を機能的に捉えると、戦国の忍者の情報収集活動と重なっている。

だが、彼らが将軍から極秘の指令を受け、遠国の大名調査をし、調査報告書を作成するまでをプロセスとして捉えると、戦国の忍者ほどのリスクはない。まして、日割で出張手当が支給されたことを考慮すると、むしろ現代のアナリストが現場調査から報告書を作成するまでのプロセスにきわめて似ていることに気づかされる。彼らの情報収集活動は、現地に出向き、現地の風聞（噂）をもとに作成されている。とはいえ、その報告書は的確に政治の実態を捉えているし、各藩の藩主や家老あるいは天領の代官の人物評価も概ね間違っていない。

したがって、平和時という要因を差し引いても、多くの御庭番が忍者のプラスの顔である広範な知識と高い知的能力を持っていたと評価できる。戦国の世から一〇〇年以上が経過して、将軍や大名の指令による情報収集活動は、担い手も方法も性格を大きく変えていったのである。

さらに時代が経過して幕末に至ると、藤堂藩［三重県津市］の伊賀忍者であった沢村三九郎が、藩主の命によりペリー艦隊の黒船に乗船し、書類二通を持ち帰った、と伝えられている。以後は忍者の活動が記録されていないので、三九郎は最後の忍者となった。彼は藤堂藩の忍び衆二〇人の一人であり、平生は狼煙役をつとめる家柄で、沢村家には火薬に関するさまざまな伝書が残っていると言われている。このことからも、忍者の中に火術に精通した狼煙役がいたことが明らかになる。

補足リサーチ4

陸軍中野学校の教育科目に忍術が採用されていた

長期にわたって敵地で秘密裡に諜報活動ができる秘密情報戦士の養成を目的に、第二次世界大戦開戦直前の一九三八年(昭和一三年)に設立されたのが、陸軍中野学校だ。

二〇世紀の戦争が総力戦の様相を呈していたことから、陸軍中野学校では幅広く高いレベルの一般教養科目の習得が義務付けられた。また、敵地での的確な諜報活動遂行のために、最低二カ国語の習得、諸外国事情の学習も設定された。生徒たちは、こうした広範な知識を習得しながら、暗号解読や秘密通信法などの専門技術を駆使できるように、実践教育で諜報戦のプロとして育っていく。

その第一期生の教育科目表には、甲賀流忍術第一四世名人の藤田西湖《せいこ》による忍術が記されている。実戦で忍術を使ったわけではないが、委託教官であった藤田は、伝承されてきた甲賀流忍術を現代戦に活かすために、まず精神教育を実施した。それは、神がかり的な皇国史観ではなく、ましてや「生きて虜囚の辱めを受けず」といった当時の異様な戦陣訓とはおよそかけ離れていた。むしろ、その逆である。

忍者はどんな苦しみも克服して生き抜くべきだという合理精神に基づき、護身術、金庫の開け方、手錠のはずし方、毒物を使った殺人法などを教えた。眼鏡、ほくろ、髭などで人相を変える変装術も講義された。変装の範囲は、商社マンや銀行家から車夫やルンペンまで多岐にわたっている。しかも、服装を変えるだけでなく、それぞれの職業の専門知識の習得にまで及び、まったく別な人間になりきることが要求されていた。さらには、三角関数まで計算できる忍者用扇子による距離測量技術や、〝水遁の術〟とも言える多摩川での潜水渡河訓練といった実践教育を指導した。

こうした陸軍中野学校の教育を俯瞰してみると、戦国時代と同様に陰の顔とプラスの顔を併せ持つ「昭和の忍者」が育成されたという見方もできる。この昭和の忍者たちによる諜報活動は、イギリスやオランダの植民地であったインド、ビルマ（ミャンマー）、インドネシアの独立に大きく貢献した。とくに、中野学校創設メンバーの一人である岩畔豪雄《いわくろひでお》大佐は特務機関を設立し、インド義勇軍二万人を組織化して独立工作を強力に指導したのである。

世紀を超えた二〇一五年三月、諜報戦・スパイ戦に最高の能力を有するイギリスが、国立公文書館所収の秘密文書において、こうしたアジア独立に向けた中野学校出身将校の諜報活動に関するインテリジェンス能力を高く評価していたことが明らかになった[3]。

では、中野学校出身将校のインテリジェンス能力は、なぜ高かったのだろうか。

当時、陸軍士官学校のみならず、全国の高校・中学において配属将校による軍事教練が義務付けられ、皇国史観に基づく思想統制がなされ、敵性語であるという理由だけで英語教育が廃止された。いわば知の退廃が進行し、インテリジェンス能力を高める時代環境ではなかった。

そのなかで、中野学校だけは、生徒たちが長期にわたって敵地で諜報活動に従事せねばならないため、英語を含めた外国語教育がなされ、一人ひとりの自律性が重視され、天皇制批判さえ許される自由な場だったのである。

筆者には、この自律性重視の自由な校風こそが、イギリス軍を脅威に感じせしめるほどの高いインテリジェンス能力をもたらしたように思えてならない。

むろん実際の諜報戦においては、別な人間になりきり、敵をだまし、場合によっては殺人を犯す陰の顔を持っていたことも、看過すべきではないだろう。

(1) 戸部新十郎『忍者と忍術』毎日新聞社、一九九六年、一八ページ。
(2) 歴史群像編集部『忍者と忍術――忍器・奥義・秘伝集』学習研究社、二〇一一年、一〇六～一〇七ページ。
(3) 「世界有数のインテリジェンス」『産経新聞』二〇一五年三月一日。

第5章

真田忍者とイノベーター真田幸村

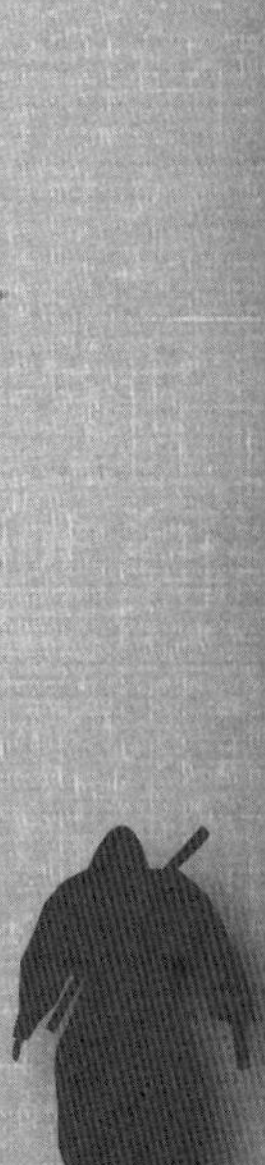

真田人気がもたらす史実との乖離

数ある戦国大名や武将のなかで、真田幸村ほど劇的な生涯を生きた人物を見いだすことはできない。幸村の父である昌幸も、さらには祖父の幸隆の生涯も、また劇的であった。

そのため、「戦争と変革の時代」を生きた真田三代のダイナミックな人生に魅了され、真田ファンになる人びとが、時代を超えて多い。ちなみに、歴女が愛する戦国武将ナンバーワンは真田幸村である。現在も、幸村を中心に真田三代をテーマとした歴史書や小説が数多く出版されている。それ自体はポジティブに評価すべきだろうが、真田三代が忍者や謀略を駆使した事情も影響し、彼らの実像を捉え難くしていることも、見落としてはならないだろう。

すでに江戸時代の元禄期には小説『真田三代記』が著され、以後「真田もの」の講談が流行する。そして講談師たちは、幸村を民衆のヒーローにするだけでなく、猿飛佐助や霧隠才蔵といった架空の忍者を創りだしていく。その後も真田人気は絶えることなく続き、大正時代には立川文庫から『真田十勇士』が刊行され、ベストセラーとなった。加えて、当時の新しいマスメディアである映画でも、忍者猿飛佐助が登場する。

しかし、猿飛佐助も霧隠才蔵もゼロから創作されている。残り八人の勇士も、実在のモデルはいても、たぶんに脚色されていた。したがって、講談や小説における真田幸村も真田十勇士も、史実から大きくかけ離れていると言わざるをえない。

　では、真田幸村の実像とはどのようなものだったのだろうか。そして、実際の真田忍者たちは、どのように戦っていたのだろうか。それを探るためには、真田氏の起源にまで時代を遡らなければならない。

修験道・山伏・歩き巫女

　真田氏のルーツを探っていくと、平安時代の八七〇年（貞観一二年）に信濃守に任ぜられた滋野《しげの》氏にたどりつく。滋野氏は後に複数の諸氏に分かれて栄えた。真田氏もその一つであり、諸氏のなかで海野《うんの》氏系に属する。修験道に通じていた滋野氏は山伏を支配し、呪術や妖術との関係が深かった。また巫女を支配していたのは滋野氏系の望月氏である。

　武田信玄が望月千代女に命じて歩き巫女たちをくノ一集団に育て上げ、諸国の情報収集に使ったと伝承されていることは前章で述べたが、その拠点は禰津《ねつ》村［長野県東御《とうみ》市］にあった。江戸時代においても、禰津村の巫女の頭が信濃と甲斐の巫女を支配しており、ノノー巫女という集団が明治初期まで存在したという。

　そこで筆者は、知的好奇心から、何度か訪れている真田氏の本城跡地と禰津村の位置関係を地図で調べてみた。すると驚くべきことに、本城跡地から山裾を沿って南西に行くと禰津村にたどり着くことができるのだ。しかも、直線距離で測るとわずか八キロしかない。

この禰津村の位置と、武田氏滅亡時に一部の武田忍者が真田忍者となった事実を踏まえると、歩き巫女のくノ一集団も、真田氏に鞍替えした可能性が高いと推定してさしつかえないように思える。

真田忍者——二つの顔

こうした歴史的経緯から、真田の忍者集団は基本特性として、まったく異なる二つの顔を持つに至る。

ひとつは、修験道に通じ山伏を支配した滋野氏以来の伝統から、山岳信仰に基づき修験者となって、独得の荒行により超人的能力を身につけた顔である。真田忍者たちは、信濃と上野《こうずけ》［群馬県］の国境の山深い鳥居峠の近くの岩屋観音で忍術修業を重ねたと言われている。ここで鍛えられた彼らは、密教の呪術性を色濃く持つ非合理的特性を有していたと言える。

もうひとつは、前者とは正反対の合理性に徹した顔である。この合理性という特性は、真田昌幸・幸村親子のリーダーシップにより創り出されていった。

もともと武田忍者は火術に優れていたと伝えられている。真田忍者もそれを引き継ぎ、さらに創意工夫して火術の画期的イノベーションを実現した。地雷火、相図火矢、炮烙弾《ほうらくだん》、さらに、二

図6　真田軍団の特徴

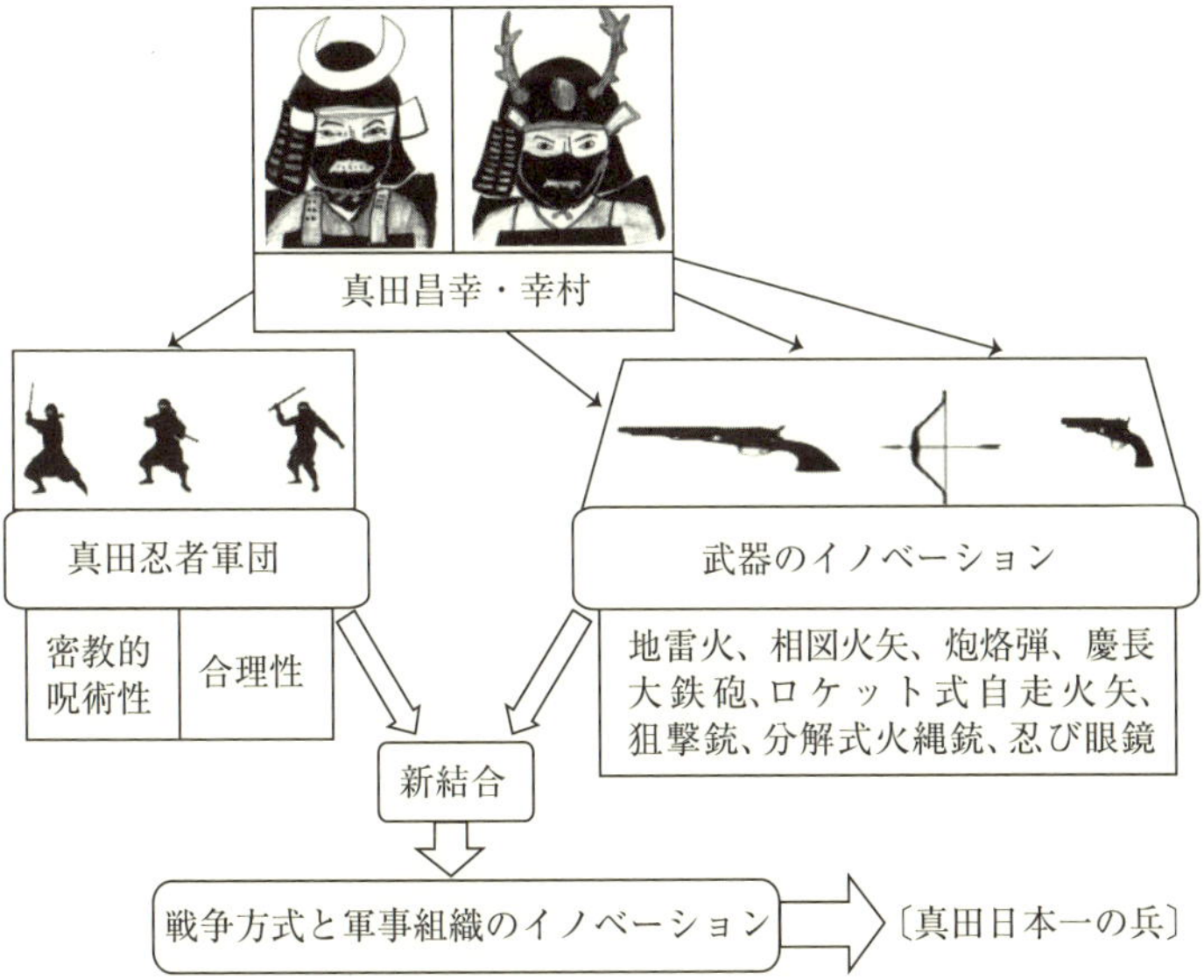

人掛かりで発射する慶長大鉄砲、大筒で発射するロケット機能を持つ棒火矢、ロケット式自走火矢である「流星」といった、これまでにない強力な武器を開発したのである。幸村自身が、こうしたイノベーションの集大成として、真田流火術を五巻の秘伝書にまとめている。

加えて、万歩計のように距離を計測できる機器、「忍び眼鏡」と名付けられた望遠鏡、敵陣にまぎれこんで敵将を暗殺するための分解式火縄銃など、忍び用の機器や武器も開発した。真田忍者たちは、こうした最先端のテクノロジーを駆使することにより、合理的行動と論理的な思考様式を自然に身につけていったと推定できる。

真田軍団全体をみると、昌幸・幸村親子が最先端の機器や武器の開発・活用と連動しながら、忍者を含めた戦争方式と軍事組織の画期的イノベーションを実現していった様子が、鮮明に浮かびあがってくる。その全体像は、図6のようになる。こうして真田親子は、忍者による情報戦・攪乱戦、さらには専門特化した鉄砲を駆使した独得の戦法を編み出したのである。(1)

なかでも、西上野の拠点・岩櫃《いわびつ》城［群馬県東吾妻《あがつま》町］周辺地域出身の多くの若者たちが独得の荒行によって鍛えられ、真田忍者として育成された。その結果、北条や上杉との戦いにおいて、一人前に育った彼らが敵地潜入による情報収集、敵の調略による諜略戦、さらには敵城潜入による放火などの攪乱戦を展開、真田軍の勝利を何度も導き出すことになる。(2)こうした勝利を実現した忍者たちが実名で活躍する多くの逸話が、古文書に残されていた。

さらに、真田忍者による軍事情報収集のネットワークは、国境や隣接する敵地を越えて、広域をカバーしていたことが明らかになる。たとえば、榛名山の東に位置する榛東《しんとう》村に位置する大福院には、隣接する敵国・越後の先、日本海に浮かぶ佐渡島の「兵要地誌」（軍事的観点から作成された地図）や、各地の城郭図が収集・保存されている。(3)また、「信濃と上野だけで忍者が一〇〇〇人を超えていた」という説もある。その頭領である出浦対馬守《いでうらつしまのかみ》は、真田の譜代の家臣として、吾妻軍奉行という枢要なポストについた。

この二点を踏まえると、真田親子の戦術は忍者を戦力の中核に据えていたと結論付けても言いすぎではないだろう。

真田昌幸による戦術のイノベーション

真田昌幸・幸村は忍者を戦力の中核に据えたほか、戦術のイノベーションを次々と実現した。敵方の武将や国人に謀略・調略を仕掛けて寝返らせ、敵城を乗っ取る戦術は、すでに昌幸の父であり、幸村の祖父にあたる幸隆が多用していた。特筆すべきは、武田信玄でさえ攻略できず撤退時に敗戦した村上氏の戸石城［長野県上田市］を、幸隆単独で得意の調略を仕掛けることによって、わずか一日で占領したことである。こうした幸隆の戦術は、昌幸に引き継がれる。

加えて昌幸は、忍者を使った情報戦・攪乱戦を仕掛け、西上野の吾妻地方にあった敵方の城を次々に攻略し、支配下におさめていった。関東と越後を結ぶ交通の要衝にあり、堅城で有名な沼田城［群馬県沼田市］の攻略においては、敵方の沼田城代であった用土新左衛門尉《ようどしんざえもんのじょう》に寝返りの密書を送り、一気に乗っ取りを成功させている。

むろん、この一連の情報重視の戦術には、若いときに武田信玄の最年少の奥近習《おくきんじゅう》（将来の幹部となる側近中の側近）として、直接受けた薫陶が活かされていると言っていいだろう。とはいえ、徳川の大軍を上田城に迎え入れ、二度にわたって撃退し、大勝利した昌幸の戦術は、独自に編み出されている。その意味で、自ら戦術のイノベーションを図ったと言える。

とりわけ、一五八五年（天正一三年）の第一次上田合戦における戦術は特筆に値する。この合戦

表3　真田昌幸の新戦術

第1ステップ	徳川軍を挑発して騙す謀略戦を仕掛ける。
第2ステップ	城外に配置した自軍を徳川軍と小競り合いさせ、意図的に撤退して、徳川軍をおびきよせる。
第3ステップ	城下に深く侵入してきた敵を十分に引き寄せ、城内から徹底した反撃を加える。
第4ステップ	撤退した城外の自軍と城内の兵を連携し、徳川軍の横合いから反転攻撃して混乱させ、犠牲を強いる。
第5ステップ	城中からの太鼓を合図に、四方の山や林の中に伏せていた農民兵3000余人が、紙旗を差し連ね、鉄砲を撃ちながら徳川軍の後陣を攻撃したため、徳川軍は大混乱に陥り、多数の兵が討ち取られる。その結果、真田軍はほとんど犠牲者をださずに大勝利する。

の経過をステップとして捉えると、その新戦術が浮き彫りにされてくる。

表3の五つのステップを俯瞰してわかることは、第一に、それぞれが時系列に沿って有機的に連携しながら、計画的に実行されていることである。第二に、第五ステップのように、大量の農民兵を組織化し、都市を農村が包囲するようなゲリラ戦を仕掛けた戦術の先進的な独自性である。

筆者の知るかぎり、戦国の数多くの戦いの中で、こうした戦術の事例を他に見いだすことはできない。昌幸は兵農分離による農民の武装解除をせずに、徳川の大軍七〇〇〇人あまりに対し、真田軍約一七〇〇人という劣勢を、三〇〇〇人を超える武装した農民を組織化することでカバーし、独自の総力戦によって勝利をたぐりよせたと評価できる。

こうした農民兵の集団がどのような銃を使っていたのか、という記述はない。しかし、彼らの戦い方が一種のゲリラ戦の性格を持っていることを踏まえ、想像力をたくましくするならば、農民兵にまぎれこんだ忍者が分解式火縄銃を敵陣で発砲した可能性は、大いにあるのではないだろうか。

以上、才気煥発な真田昌幸が編み出した新戦術を考察してきた。では、その息子・幸村は、昌幸を超える戦術を創りだすことができたのだろうか。この設問に的確に応えるために、やや回り道になるが、幸村の書状を簡単に紹介し、その人柄にスポットライトを当ててみたい。

幸村の書状

第3章で代表的な戦国大名の書状を紹介し、一六世紀を生きた彼らにも「文は人なり」という格言があてはまることを確認した。幸村の書状に関しても、同様のことが言える。

真田昌幸は、第二次上田合戦においても徳川秀忠を騙して挑発することで、攻め寄せた徳川軍に勝利し、三万八〇〇〇人の大軍を釘付けにした。その結果、秀忠軍は関ヶ原の戦いに参戦できない状況に追い込まれる。この第二次上田合戦でも幸村は活躍し、勝利に貢献した。

しかし、関ヶ原で西軍が敗北したために、昌幸・幸村親子は高野山麓の九度山《くどやま》村［和歌山県］の屋敷に蟄居させられる。以後一四年近く幸村は蟄居生活を強いられ、その間に昌幸は失意のうちに病死する。

ようやく一六一四年（慶長一九年）になって、幸村は豊臣家の誘いにより九度山村の屋敷を脱出し、大阪城に入城した。同年の大阪冬の陣においては、大阪城の出城である真田丸において、前田軍をはじめ徳川方の諸軍を徹底的に撃破し、その戦上手を世に知らしめる。翌年の大阪夏の陣においても幸村は、戦上手ぶりをいかんなく発揮した。旗も具足も赤で統一した真田軍は、家康を切腹一歩手前まで追いつめたのである。

だが、わずかに及ばず、真田軍は壊滅し、幸村も戦死する。その鮮やかな戦いぶりに感動した戦国最強といわれた薩摩の島津氏は、徳川方だったにもかかわらず、「真田日本《ひのもと》一の兵」と、賞賛を惜しまなかった。

こうした武将のイメージから、ともすると幸村の書状もまた勇猛な躍動感であふれているように思われそうだが、実際には逆であった。その要因を探ると、幸村の生涯が常に戦争に彩られていたわけではないことがわかる。

幸村は一五八五年（天正一三年）、真田家当主・昌幸の次男であったことから上杉景勝の人質となった。[(4)] その翌年から約四年間は豊臣秀吉の人質となり、豊臣家に仕える。青年時代は人質生活が長期にわたったために、殺害されるリスクと隣り合わせの日々が続いたのである。しかも、二度の上田合戦において武将としての檜舞台に立ち大活躍するも、西軍が敗北したため、飛躍の舞台は束の間の夢にように潰え、明日への希望を持てない蟄居生活を強いられる。わずかな期間に鮮やかな光芒を放ったのが、武将としての幸村の人生だったと言うことができよう。

時間軸でたどれば、静と動が劇的に繰り返された人生である。それぞれの期間を比較すると、静の期間が大半を占め、動の期間はわずかにすぎない。

こうした幸村の人生に思いを馳せれば馳せるほど、なぜか筆者は、ショスタコーヴィッチの交響曲第五番における第三楽章から第四楽章への展開を思い起こす。希望のないメランコリックな静けさのなかに、かすかに強い意志を感じさせる第三楽章は、幸村の長い蟄居生活を想起させる。これと対照的に力強く躍動的な第四楽章は、速いテンポでダイナミックに展開され、最後は一気に高揚感あふれるクライマックスに達する。短くも〝動〟の曲調を奏でる第四楽章は、まさに幸村の大阪の陣における戦いを象徴しているかのようである。

劇的な人生の軌跡に加え、幸村の性格も書状に投影されている。兄の信之は、幸村を「物ごと柔和忍辱にして強しからず、ことば少なにして怒り腹立つ事なかりし」と評したと伝えられている。ひとことで言えば、温厚な性格だったのである。

前置きが長くなったが、静の期間が長い幸村の劇的人生と温厚な性格を表す書状を抜粋しよう。

「かえすがえす、お心をかけてくださり、お手紙かたじけなく存じます。

久々にこのようなところに住んでおりますと、誰からもお便りをいただこうとは思いませんし、あなた様からこのようなお心づかいをいただこうとは、思いもよらぬことでした。……

とにかく年をとったことが口惜しく存じます。

わたしども去年から急に年寄り、ことのほか病身になってきました。

歯なども抜けましたし、ひげなども黒いところは、あまりなくなってきております。今一度お会いしたいと存じております」

この書状が書かれたのは九度山村に蟄居している期間で、義兄・小山田茂誠《しげまさ》からの贈り物と書状に対する礼状である。心のこもった率直な感謝の気持ちと、年老いていく自分の姿と心情を、隠すことなく自然体で淡々と語る文章に、幸村の飾らない性格が投影されている。

次の書状は、大阪冬の陣の翌月三月に、茂誠と甥にあたる主膳の書状に対し、書かれた礼状の一節である。

「わたしの身の上のことですが、殿様（豊臣秀頼）のご懇意がひとかたならぬのはよいのですが、いろいろ気苦労ばかりしております。

一日一日と暮らしております。……

当年中何もないようでしたら、何とかお目にかかりたいと存じます。知りたいことがたくさんあります。

しかし、さだめなき浮世のことですから一日先のことはわかりません。わたしたちのことなどは、浮世にあるものとは思わないでください」

この礼状には、大阪城内において一軍の将を任されてはいるものの、気苦労ばかりが多い微妙な立場が語られている。「一日一日と暮らして」いるという、さりげない表現に、自己の苦衷にみちた心情が語られているように思える。そして、「浮世にあるものとは思わないでください」

という文章には、静謐なかにも澄みきった死の覚悟が語られており、読む者の心を打つ。

このやりきれない名状しがたい幸村の心情は、現代の真田ファンだけでなく、幸村の下で戦ったすべての兵にも共有されていたのではないだろうか。

大阪の陣における真田軍は、蟄居生活をともにした家臣、大阪入城後に馳せ参じた元家臣を含めても、わずか百数十名。大部分は出身の異なる浪人たちによって構成されていた。寄せ集めの部隊が全員赤具足で武装して、幸村の采配により一糸乱れず統率され、日本一の兵と言われるまでになったのは、飾らない澄みきった幸村の生き様に全員が心服していたからと言えるだろう。

幸村は、その人格、生き様、そして人間力によって、策を弄することなくカリスマとなり、寄せ集め部隊を最強の軍団に変身させるという組織のイノベーションを実現したのである。

幸村による戦術のイノベーション

大阪冬の陣の開戦前の作戦会議において幸村は、「後詰めがない籠城戦はありえない」ことを理由に、大野治長の大阪城籠城案に反対し、近江まで軍を進める迎撃案を主張したが、却下される。そのため籠城案に基づいて、大阪城の三の丸のさらに南側に、半円形の出城である真田丸を築き、ここを拠点に徳川軍と戦った。三方を空堀で囲み、三重の柵を構築し、井楼《せいろう》（やぐら）を設ける。そして、三〇センチ間隔に鉄砲を三挺ずつ隙間なく張りめぐらし、六〇〇〇人の兵で守り

表4　真田幸村——大阪冬の陣の戦術

第1ステップ	真田丸の前方にある小山に鉄砲隊の一部を配置。徳川方の前田軍に対し、毎日鉄砲で攻撃する。
第2ステップ	一連の攻撃で犠牲者を出し、いらだった前田軍は、小山を占領すべく押し寄せたが、真田軍はすでに真田丸に撤収していた。
第3ステップ	拍子抜けした前田軍を真田兵が嘲笑したため、前田軍は他の徳川諸軍からも面目を潰される。
第4ステップ	そのため前田軍は、銃弾を防ぐための竹束を用意することなく、一気に真田丸の空堀になだれ込み、他の徳川諸軍も先を争って攻撃を開始した。
第5ステップ	引き付けるだけ引き付けた幸村は、大量に配置した鉄砲で一斉射撃を指示し、銃撃を継続。徳川諸軍は大量の死傷者をだして、撤退する。

を固めたのである。戦いの経過を表4にまとめた。

五つのステップに区分して戦いの経過をたどってみると、昌幸の第一次上田合戦の戦い方と、基本においてきわめて近似していることに気づかされる。また、真田丸の半円形の形状に着目すると、武田流築城術の「丸馬出し」と同じ形状を引き継いでいることがわかる(ちなみに、筆者が現地調査をした鉢形城[埼玉県寄居町]の「馬出し」は、北条流の築城術である「角馬出し」だった)。この二つから、幸村の戦術は武田流軍学や父である昌幸の戦術をベースに形成されていることが、浮き彫りにされる。

とはいえ、真田丸は東西一八〇メートルもある大規模な出丸であり、六〇〇〇人の大軍団を収容できる。したがって、機能的に類似していても、規模においては従来の「丸馬出し」をはるかにしのぐ、それ自体で独立した、かつてない攻守両用の要塞だったと規定できる。その点では、幸村は、真田丸の築城と五つの戦

表5　真田幸村――大阪夏の陣の戦術

第1ステップ	武具を赤でそろえた真田軍団を三陣に分け、全面に展開していた越前勢の右翼に突撃する。
第2ステップ	越前勢との白兵戦に突入すると、真田忍者が「浅野勢寝返り」という偽情報をふれまわったため、越前勢は敗走し、大混乱に陥った。
第3ステップ	真田軍団は越前勢の右翼を切り崩して突破し、家康直属軍に一気に襲いかかる。
第4ステップ	真田軍団の第一陣は疲労が目立ってきたため、第二陣に入れ換えて猛攻を加える。家康直属軍は潰走。
第5ステップ	第二陣を第三陣と交代させながら家康本陣を占拠し、家康殺害にもう一歩のところまで迫った。

いのステップにより、戦術のイノベーションを実現できたと言えるだろう。

このイノベーションは、大阪夏の陣において独自性を一気に高めていく。そして、夏の陣における最後の戦いに、いかんなく発揮される。ステップごとに分けたこの日の戦いを表5に示した。

このように真田軍は、偽情報を流す謀略戦を駆使しながら、家康殺害という目的にしぼって、縦深陣形により真一文字に突き進み、家康を窮地に追い込んだ。家康殺害という選択にすべてを集中したという意味でも、戦略の定石を意識して戦ったのである。

しかも幸村は、自ら家康を暗殺するために、狙撃銃を携行していた。それは、幸村が堺の職人と共同で開発した、全長約六〇センチと小型で、八連発が可能という、恐るべきハイテク兵器である。ただし、馬上から殺害を試みようとしたものの、その寸前に銃を落とし、目的を達することができなかった（その後、この狙撃銃は戦利品として、徳川御三家の一つである紀州徳川家が保管した)。

さらに、家康殺害にすべてを賭けていた幸村は、真田忍者得意の火術を活かし、爆殺も計画し、地雷火を仕掛けていたという。加えて、家康本陣に突入する前に戦死することのないように、複数の影武者も用意していた。

以上のようにステップごとに分け、忍者やハイテク兵器を駆使した幸村の戦術を概観すると、オリジナルな戦術を次々と編み出していったことが明らかになる。その意味で、戦国大名や武将のなかで一際抜きん出たイノベーターだったということができよう。

なお、東軍についた真田昌幸の長男・信之も忍者を召し抱えており、大阪夏の陣に出陣した信之の息子・信吉も忍者を使っていた、と記録されている。

＊真田氏が開発した当時最先端のユニークな武器群は、長野県上田市の真田氏歴史館に展示されていた。

補足リサーチ5

真田忍者の活躍を古文書で読む

本章では二つの顔を持つ真田忍者の概要を考察した。しかし、筆者はこれに飽き足らず、真田忍者の活躍を古文書で読んでみた。

戦国時代の真田の領地は、信州の上田盆地から上州の吾妻郡に及んだ。言うまでもなく、真田忍者は信州でも活躍していたと推定されるが、当地での古文書はきわめて少ない。むしろ、吾妻郡を舞台とした活躍を詳細に記した古文書が二つ存在する。沼田真田氏五代目の伊賀守信澄の家臣である加沢平次左衛門が著した『加沢記』と、同じ信澄の代官だった林理右衛門が著した『吾妻記』である。

いずれも信憑性が高く、史料としての価値もきわめて高いと評価されている。この二書から浮かびあがる真田忍者の活躍の特徴は、以下の四点にまとめられる。

第一は、もともとは武田信玄に仕え自らも忍者だった出浦対馬守幸久と、修験者の総元締めをつとめる来福寺左京が、忍者の養成を熱心に努めたことである。とくに出浦対馬守は、忍者の頭領であるとともに、岩櫃城代や吾妻郡奉行の要職も歴任しており、真田昌幸の信任も厚かった。これは、昌幸が戦争における忍者の活動をいかに重視していたかを物語っていると言えるだろう。

第二は、彼らの熱心な養成により、優秀な忍者が多く育成されたことである。敵城に潜入して金の鐙《あぶみ》を盗みだした唐沢玄蕃《げんば》、敵城に潜入して曲輪《くるわ》（城の囲い）に火を付け、落城のきっかけをつくった角田《つのだ》新右衛門、敵である北条軍の陣地に商人に変装して潜入し、若侍たちを巧みに騙して敵将・松田尾張守の金覆輪《きんぷくりん》の名馬を乗っ取った割田《わりた》下総守などだ。彼らが大活躍し、真田軍勝利のきっかけをつくったことが、生き生きと描かれている。

第三は、山岳戦を忍者がリードして勝利をもたらしたことである。吾妻郡は、吾妻川流域の狭隘な平地と中之条の盆地を除き、多くの山岳から成り立っていた。城の多くは山城である。筆者は、真田昌幸が武田勝頼に籠城を勧めた断崖絶壁の岩櫃山に築かれた岩櫃城や奇岩に覆われた嵩山《たけやま》城［群馬県中之条町］の全容を何度も見ている。嵩山城では急峻な坂を登った。その体験から、吾妻郡においては、平野での戦争と異なった山岳戦法が必要とされており、その主役は身軽で跳躍力のある忍者しか担えないと強く感じた(唐沢玄蕃の初名は「お猿」だった。この名前に真田忍者の特性が反映されているように思える。ただし、同じ「お猿」でも「猿飛佐助」は立川文庫に登場する小説上の忍者である)。

第四は、第三の山岳戦法と密接に関係するが、敵城攻略のパターンが創りだされていったことである。真田忍者が敵城に忍び入って内情を把握し、放火して城内を混乱させ、味方の軍勢を城内に引き入れて落城させる、というパターンで勝利していったのだ。

筆者は国立国会図書館で『加沢記』と『吾妻記』を読み、真田忍者が活躍する部分をコピーして、再度丹念に読んでみた。とくに「吾妻の住人割田下総守とて勇猛の兵有り、力万人にすぐれ、……忍の上手古今無双の勇士なり……」という文章に接したとき、はるか昔に活躍した真田忍者を身近に感じ、体が震えるような強い知的興奮を覚えた。

(1) 堀内泰『信州上田軍記』ほおずき書籍、二〇〇七年、二三ページ(現代語訳)。
(2) 山口武夫『真田忍者と中之条町』中之条町歴史民俗資料館、一九八五年。
(3) 前掲(2)。
(4) 人質は敵対関係となったとき殺される可能性が高いので、後継ぎとなる場合が多い長男は避けた。

第6章

戦国の情報ネットワーク&意思決定システム

システムの概要説明

本章からは分析方法を変え、戦国の情報ネットワークをシステムとして捉えることで、新たな視点から戦国の社会像を創出していきたい。

そもそも戦国大名は、領国支配を安定させるために、そして敵との戦争に勝利して領国を広げるために、どのようなプロセスを経て意思決定していたのだろうか。

システム理論の視点で言うならば、正しく意思決定をするために、まず敵国および自国内の情報を収集して伝達し、現状を分析する、というプロセスを経なければならない。このプロセスから捉えると、情報を収集して伝達する情報ネットワークシステムをいかに構築するかによって、現状分析や意思決定の質が規定され、その質が敵との勝敗を大きく左右する。

そこで、戦国大名の情報ネットワークと意思決定の関係を明示した全体のシステム構成図を図7のように作成し、分析のフレームワークとして活用していきたい。図7に基づき、情報ネットワークを通じた意思決定のプロセスをステップごとに図8に示す(1)。

以下、図8を分析のフレームワークとし、戦国大名の情報ネットワークと意思決定に適用していきたい。代表的な戦国大名である武田信玄と織田信長を中心に、彼らがどのような情報ネットワークシステムを構築し、それに基づいてどのような意思決定のシステムを創出したのかを比較

図７　戦国の情報ネットワーク＆意思決定システム

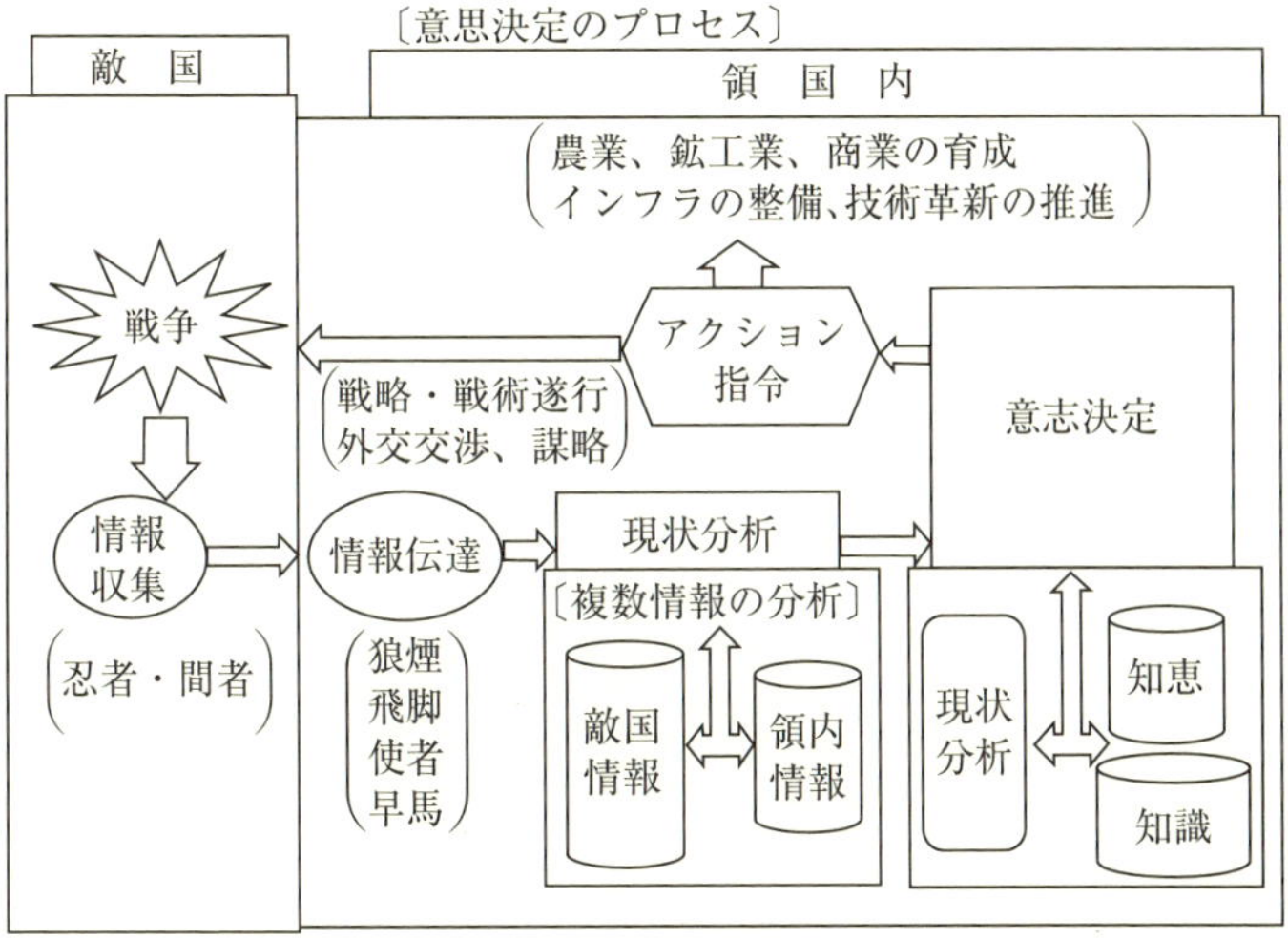

分析して、両者の特徴を浮き彫りにする。

信玄と信長のシステム比較

①第一・第二ステップ

第一ステップは敵国の情報収集である。第４章で考察したように、軍事情報に限ると、男女双方の忍者集団から重層的に情報収集していた武田信玄が先行している。第二ステップにおいても、狼煙や飛脚を組み合わせた情報伝達の仕組みを有機的に関係付け、システムとして築き上げた、武田信玄に軍配が上がる。

情報を重視する信長も、忍者こそ使わなかったが、間者のネットワークを使って情報収集を心掛けたと推察できる。とはいえ、軍事に限った情報収集と伝達においては信玄に一日の長があったと言わざるをえないであろう。

図８　意思決定のプロセス

第１ステップ	忍者・間者が敵中深く侵入し、情報収集する
第２ステップ	狼煙、飛脚、使者、早馬を使い、情報伝達する 併せて、領国内の最新情報を収集・伝達する
第３ステップ	複数の敵国・領国内の最新情報を整理し、関係付ける ⇒ 現状分析をする
第４ステップ	現状分析と過去の経験から、学習した知識や知恵を突き合わせる⇒意思決定をする
第５ステップ	意思決定によりアクションを起こす ⇒敵国に対しては、戦争や謀略を仕掛け、ときには使者に指示して外交交渉をする ⇒領国内においては、商・工・農業育成策を具体化し、そのためのインフラ整備を指示する。
第６ステップ	フィードバックによるネットワーク＆システムのレベルアップ アクションの成功・失敗を総括し、より的確なアクションにしていくために、意思決定の中味をチェックするとともに、情報収集・情報伝達・現状分析・意思決定に至るプロセスを点検し、改善していく

システム理論のタームで表現するならば、情報収集から意思決定に至るまでのプロセスをフィードバック機構の中に組み込むことで、PDCA（Plan Do Check Act）のサイクルを回す

PDCA を繰り返すことで、的確な戦略的意思決定を実現する

しかし、視野を広げて社会全般の情報収集という観点からみると、信長が信玄に優っていた。中世の伝統的権威である仏教勢力から距離をおいて合理性を重視した信長は、ポルトガルからの長い航海を経て来日したルイス・フロイスをはじめとするキリスト教宣教師から、当時の最新の世界情勢や西欧の科学技術を積極的に偏見を持たずに摂取していった。これは、信長が宣教師から「地球は丸い」という説明を受けて即座に理解したという記録に、象徴的に示されている。一方の信玄は、仏教の信仰心が篤く、自らも出家しており、一向一揆とも同盟関係にあった。シビアな見方をすれば、新旧の仏教勢力と協調したことで、自ら情報収集空間を限定してしまったのかもしれない。

信長の情報収集空間はグローバルに広がり、経済やテクノロジーを含めて社会全般をカバーしていたのに対し、信玄の情報収集空間はドメスティックな範囲にとどまり、軍事に傾斜しすぎていたと言えるだろう。その結果、西欧の最新技術である鉄砲の大量生産とその巧みな活用で信長の先行を許し、ひいては息子・勝頼の長篠の戦いにおける致命的敗北につながっていく。

第二ステップにおいても、軍事に限らず視野を広げて比較すると、必ずしも信玄が優位に立っているわけではない。信長は、関所を撤廃し、街路樹を植え、幅を広げた道路網を領国内に張り巡らすことで、軍隊の移動だけでなく、商品流通の促進による領国内経済の発展を実現した(2)。さらに城下町においては、排他的な座(同業者組合)を撤廃し、楽市楽座による経済の活性化につなげていった。こうした交通インフラとしての道路網の拡充、経済の制度改革により、太いパイプでつながれたオープンな情報・交通・経済のネットワークが実現したのである。

経済発展をもたらす情報伝達とインフラのための広範囲をカバーするネットワークという視点で比較すると、信長は信玄を圧倒していたと言える。ここで着目すべきは、信長の一連の経済政策がバラバラに推進されたわけではなく、新たな経済ネットワークシステム構築に向けて整合性を持って推進されていたことである。信玄が軍事情報ネットワーク構築に向けてシステム化志向であったように、信長は経済ネットワーク構築に向けてシステム化志向だったと言える。

②第三・第四ステップ

第三ステップの現状分析、第四ステップの意思決定に関しても、信玄と信長は方法が対照的である。

信玄は、それぞれが国人領主である武田二四将との意見交換のなかからさまざまな発想や知識や知恵を創造し、意思決定に結び付けていった。たとえば『甲陽軍鑑』には、こう書かれている。(3)

「信玄が有名な永禄四年の第四回の川中島の戦いにおいて、飯富《おぶ》兵部《ひょうぶ》や馬場民部《みんぶ》と相談した上で上杉謙信との決戦を意思決定し、その作戦計画を山本勘助に立案させた」

『甲陽軍鑑』に関しては、山本勘助は架空の人物との説があるように、歴史書としての信頼性を疑う議論もある。実際に、史実と異なる誤りが指摘されていることにも留意しなければならない（ただし、山本勘助に関しては、実在の人物であることが近年発見された信玄の書状から証明されている)。とはいえ、われわれはここで意思決定の方法や仕組みを分析テーマとしているのである。したがって、『甲陽軍鑑』の細部が正しいかどうかの検証にこだわるよりも、信玄が部下の武将たちに重要な軍事上の決定を事前に相談していた意思決定の方法に着目すべきだ。さらには、軍師の機能を担うスタッフに作戦を立案させていたことに気づくのが大切である。

信玄の戦争を意思決定のプロセスという視点から追跡していくと、川中島以外の戦いにおいても、二四将を中心とする武将たちの提案を積極的に採用し、それぞれの自主的判断を尊重している(4)。つまり、指導者である信玄が、現状分析から意思決定に至るプロセスにおいて部下の自主性を重んじることで良好な関係を築いていった基本的構図を行間から読みとるべきなのである。

また『甲陽軍鑑』からは、信玄が部下の武将や家臣たちに対する教育者として、たいへん優れていることがわかる。たとえば、「部下を組織する五つの原則」「人を使うな！　能力を使え！」「人の使い方、功績評価の基準」「同じタイプの部下だけを好くな！」「甘柿も渋柿もともに役立てよ！」と、まるで現代の最新の経営専門書を読んでいるかと錯覚するほどの普遍的表現で、組織リーダーの〝あるべき姿〟を、わかりやすく説いている。

さらに、信玄は雑談でも部下を意識的に教育していく。たとえば、近習のなかから六人を選び出して「耳聞き」と名付け、そば近くにおいて人事百般について報告させることで徹底的に鍛え上げた。このうちの一人が、若き日の真田昌幸である(5)。

このように信玄は、部下を熱心に教育しながら、優秀な武将に育てあげた。そして、彼らの知識と知恵の詰まった意見や提言を検討し、的確に意思決定したのである。

それに対して信長は、集まった情報を分析し、たった一人孤独のなかで試行錯誤することで、意思決定した。これを裏付けるのがルイス・フロイスの信長像である。信長と家臣との関係について、フロイスは次のように語る。

「彼はわずかしか、またはほとんど全く家臣の忠言に従わず、一同からきわめて畏敬されていた。……彼は、日本の全ての王侯を軽蔑し、下僚に対するように肩の上から彼らに話をした。そして人々は彼に、絶対君主に対するように服従した(6)」

「(信長が)手でちょっと合図をするだけでも、彼らは極めて凶暴な獅子の前から逃れるように、重なるようにしてただちに消え去りました。……公方様の最大の寵臣のような殿も、信長と語る際には、顔を地につけて行なう(7)」

情景が眼前に浮かぶかのように生き生きと描かれているこのシーンには、信長が家臣に日常的にアドバイスを求めたり相談するようなことはなかったことが、はっきり示されている。

信長は、桶狭間の戦い以前のごく一時期だけ軍師をおいていたという記録はあるものの、それ以降に軍師を使った記録はない。単独で意思決定していたと推定される。桶狭間の戦いの軍事行動においても、清州から小牧山、そして岐阜、安土へと続く首都の移転に際しても、さらには天下統一へ向けた戦略策定においても、重臣や武将たちの意見や提言を尊重し、相談していた形跡を見いだすことができない。

われわれはともするると、信長が時代を先取りした革新的な意思決定を一人で成し遂げたことに眼を奪われ、感嘆に終始してしまう。しかし、ここで見落としてはならないのは、最高指導者のみに権限を集中し、独断専行型の意思決定を継続する組織は、構造的欠陥をかかえ、時間の経過とともにその欠陥が増幅することである（この問題に関しては、第９章でより詳しく分析する）。

以上をまとめると、信玄は衆知を集めて意思決定するリーダーであるのに対して、信長は独断専行型で意思決定するリーダーだったと言うことができる。また、意思決定に際して、信玄は『孫子の兵法』など古典から学んだが、信長は自分自身で考え抜き、独自に判断していたことも忘れてはならない。

信玄と信長の現状分析から意思決定に至るプロセスは対照的である。もちろん、自分自身で最終的な意思決定を下すという点では共通しており、両者ともに専制型君主として意思決定していたことに変わりはない。

信玄タイプのリーダーとしては、竹中半兵衛と黒田官兵衛を軍師として活用した豊臣秀吉や、謀将・本多正信と相談して意思決定していった徳川家康が挙げられる。信長タイプのリーダーとしては、上杉謙信が挙げられるだろう。

一方、伊賀国や甲賀郡といった共和制型の社会においては、第４章で述べたように多数決により多数の評定人や奉行の支持した方針・戦略が意思決定されるというプロセスを踏んでいた。専制型とは対極に位置付けられる共和制型の意思決定システムも存立していたのである。

このように戦国時代は、複数の基本的性格の異なる社会システムが並存する時代だった。それらを鳥瞰図的に押さえておくことが、この時代のマクロな特性の把握につながっていく。

③第五ステップの比較

こうした第四ステップまでのプロセスを経て最終的に意思決定し、具体的アクションに結び付けていく。この第五ステップを円滑に機能させるための第一のポイントは、意思決定による具体的アクションを支える強い軍事組織をどう構築するかであり、構築後も組織革新を的確に継続できるかどうかである。そこで、引き続きこの観点から信玄と信長を比較していきたい。まず、軍事組織に関する強化戦略について。

信玄は武田二四将による領国支配という基本構造は崩さずに、一族衆以外においても積極的に抜擢人事を実施した。抜擢の典型例が、農民から信濃海津《かいづ》城［長野市］の城主となり、上杉の押さえを一手に担った二四将のひとり高坂昌信であろう。さらに信玄は、教育を重視する戦略の併用で、軍事組織の計画的強化により次世代まで見据えた優れた幹部層を育成した。

しかし、抜擢人事については信長のほうがより徹底していた。信長の方面軍(8)（ある方面を攻略する複数の軍団）を担う五人の武将のうち柴田勝家や丹羽長秀はもともと重臣であったが、明智光秀や滝川一益は前半生が定かではない。少なくとも、由緒ある家柄の出身だったとは言えない。また、農民出身の秀吉を抜擢して長浜城主とし、その後は中国方面軍の司令官に任命した。

反面、成果をあげられなかった武将は、どんどん降格させている。このように織田軍団においては、組織全体が実力主義に貫かれていたと言える。

さらに信長は、軍事組織の根本的革新を実現した。それは次の二つである。

第一は、武田をはじめ戦国大名の軍事組織が武士と農民の混成であったのに対して、兵農分離して武士のみを城下町に住まわせたことである。この結果、農繁期には軍隊の使用が難しいという制約条件がなくなり、いつでも機動的運用が可能となり、他の戦国大名に対して決定的な優位を実現した。

第二は、方面軍方式を創出したことである。中国地方攻略は羽柴方面軍、北陸地方攻略は柴田方面軍というように、全方位で同時に領土拡大が可能な軍事組織に再編した。

ヨーロッパにおいて方面軍方式が本格的に登場するのは、一九世紀初頭のナポレオン戦争以降である。世界の軍事史においても、信長の旧来の方式にとらわれない合理的創造力による先駆性は群を抜いていたことがわかる。ただし、多方面で軍事作戦を同時進行できる方面軍方式が常に万能だったわけではない。第９章で述べるように、構造的欠陥を内蔵していたことも忘れてはならない。

いずれにせよ、第五ステップの具体的アクションを円滑に機能させるためには、軍事組織の革新がもっとも重要なポイントになる。そこでは、具体的アクションが中世の呪術的束縛からどれだけ自由だったかが、二つ目のポイントとなる。この点でも信玄と信長を比較していきたい。

信玄は敵の城を攻めるに際し、城の周囲にかかる運気の状況によって戦いの勝敗を占い、軍を動かしたと言われている。信長も若いころは、戦勝祈願のための加持祈祷や天気を予測するために、伊東《いそく》法師という呪術的軍配者（方角や日取りで軍を配置する軍師）を使っていた。しかし、やがてこの種の軍配者を使わなくなる。その理由は、小和田哲男氏が主張されているように、「信長が次第に合理主義的な生き方をするにつれ、伊東法師のような呪術的軍配者を必要としなくなった」からである(9)。

このように比較すると、信玄は中世の呪術的な非合理性を生涯にわたり引きずっていたのに対して、信長は戦いをするたびにその束縛を打ち破り、合理主義に徹していったと言えるだろう。他の戦国大名も信玄と同様に呪術的非合理性のもとにいたのであり、信長のみが先駆者として例外的に中世の桎梏を解き放っていった。

以上、信玄と信長の情報収集から具体的アクションに至る情報ネットワーク＆意思決定システムをステップごとに比較してきた。それらをまとめると表6のようになる。

この第一ステップから第五ステップまでの比較を総括しておこう。信玄は既存のフレームワークを尊重し、部下を教育し部下の意見を採り入れながら改良を加えていく、秀才型の革新者である。これに対して、信長は既存のフレームワーク自体の徹底した破壊と創造をたった一人で決定し、大胆に実行する天才肌の革命家だったと言えるだろう。

表６　信玄と信長の情報ネットワーク＆意思決定システムの比較

比較項目		武田信玄	織田信長
情報収集方法		男女の忍者集団	忍者は使わず間者
情報収集の範囲		国内にとどまる 軍事に傾斜	宣教師から世界情勢を把握 経済の情報収集
情報伝達 交通インフラ		狼煙、使者、飛脚、早馬 軍事専用道路＝棒道	経済活性化のため関所廃止、道路網整備⇒迅速な情報伝達実現
現状分析		軍師が作戦計画立案	軍師は存在せず
意思決定		合議制型意思決定、部下の提案採用、部下の教育重視 『孫子の兵法』など古典から学ぶ	１人で意思決定＝独断専行型 部下はアクションするのみ オリジナルな判断で意思決定
アクション	組織革新	一部抜擢人事実施 兵農分離せず	信賞必罰による実力主義の徹底 兵農分離実施、方面軍方式採用
	合理か非合理か	呪術的因習に拘束されている	呪術から脱却し、合理主義に徹する
トータルな比較		既存のフレームワークを尊重 確実に領土拡大を図る秀才型の革新者	既存のフレームワーク自体を破壊し、単独で新社会を創造する天才肌の革命家

戦国大名の性格の影響

ここで、意思決定システムと具体的アクションの特性をより深く多面的に分析するために、戦国大名の性格という切り口からも考察していきたい。一言で表現するならば、「戦国大名自身の性格が、どのように意思決定やアクションに影響を与えるか」である。

戦国大名の意思決定やアクションは、部下の知恵を集めてアドバイスを受けるか、独断専行で徹底的に考え抜いて実行するかの方法の違いはあるが、基本的には専制型である。それゆえ、個人の性格を色濃く投影することになる。心理学者の宮城音弥氏は、『日本人の性格』において、信玄と信長の性格を分析している。そこで、この性格分析を参考に、彼らの意思決定やアクションとの関係を考察していきたい。

信玄の意思決定やアクションは、政治・経済・軍事のいずれにおいても、現実主義的な政策に基づき確実に推進されている。その土台には宮城氏が規定しているような適応性があり、躁鬱質の性格によってもたらされていると言える。信玄の体型は肖像画から躁鬱質の人間に多く見られる肥満型であり、典型的な活動家型の躁鬱質だったと規定される[10]。この気質が多分に影響し、部下の武将と協調しながら意思決定し、攻撃的なアクションに結び付ける特性をもたらしたと言えそうだ。

一方、痩せて背の高い体型の信長は、強気の独善型分裂質の典型であるという。宮城氏は、比叡山や一向一揆に対する大量虐殺の実行を根拠に、信長をサディストとし、若いころの婆沙羅《ばさら》的（派手に見えを張るさま）な服装や奇矯な行動を「精神病質（変質者）」であることからもたらされたと眉をひそめ、その性格を酷評している[11]。その酷評は極端すぎるが、誰にも相談せずに意思決定し、一方的にアクションを起こした信長の行動の根底には、強気の独善的性格があったことを見落としてはならないだろう。

こうした性格分析は、他の戦国大名にも応用できる。とくに上杉謙信は、性格学の門外漢の筆者にも、てんかん気質の典型であることが、意思決定やアクションの特性から類推できる。てんかん気質は、正義感が強く、義理堅く、保守的であると言われている。信玄に信濃を追われた村上義清を助けようとする行動、天皇や足利幕府といった伝統的権威を重んじる保守的価値観に基づく上洛や経済支援、なかでも関東管領職を受け継ぎ関東の旧秩序立て直しに生涯を賭けた行動は、多分に謙信のてんかん気質に起因していると言えるだろう。

このように、戦国大名の意思決定が専制的であったがゆえに、大名個々人の性格が比較的ストレートに意思決定やアクションに反映されていったのである。芥川龍之介は、『侏儒の言葉』で、運命についてこう書いている。

「運命は偶然よりも必然である。『運命は性格の中にある』という言葉は、決して等閑に生まれたものではない(12)」

この言葉は、そのまま戦国大名の運命にあてはまるように思える。

確実に領国を拡大し、強国化していった信玄を支えた意思決定やアクションは、適応性のある躁鬱質の性格からもたらされたと言える。明智光秀の謀反により本能寺で殺された信長の運命は、独善型分裂質の性格にあったと言える。そして、義に生き伝統的権威を重んじたため外交戦に苦労した謙信の運命は、てんかん気質にあったのである。

こうしたロジックで、戦国大名の意思決定やアクションがもたらす運命を性格に求める性格決定論は、それなりに説得力がある。実際に性格が意思決定やアクションに色濃く投影されるケースは多くあり、この分析視角は重視されねばならない。ただし、何もかもこのロジックで説明すると硬直した平板な性格万能論に陥るので、安易な説明は自戒すべきであろう。

カリスマ型支配による意思決定とアクションの指令

次に、意思決定とアクションの指令の特性をより根本的に掌握するために、カリスマ型支配という切り口から考察していきたい。

この第五ステップにおける意思決定に基づくアクションの指令を、一糸乱れず組織全体に浸透させるためには、信玄や信長が実施したような組織強化戦略による強い軍事組織の構築だけでは事足りない。では、何が必要とされていたのか。

答えは、戦国大名が持つべき強いカリスマ性である。このカリスマ性は、必要条件というより、生き残りのための最低の必須条件と表現したほうがあたっているかもしれない。カリスマ性が希薄な戦国大名は、生き残ることさえできなかったのである。

カリスマ型支配とは、文字どおりカリスマを頂点とする支配の形態である。マックス・ウェーバーは、カリスマを以下のように特性付けた。

「その人物は、他のなにびとにも近づきがたいような、超自然的または超人間的な、あるいはすくなくとも、とくに非日常的な力とか特性を持ったものとみなされるか、それとも神よりつかわされた者とか、模範とすべき者と考えられ、また、それゆえに指導者として評価される[13]」

そして、カリスマと信奉者である家臣や領民との関係を明らかにし、彼らの評価の大切さを強調する。

「(この)資質が客観的にいかに正しく評価されるべきであろうかは、……概念的に全くどうでもよいことで、肝心なのは、それがカリスマの支配下にある人びと、つまり信奉者によって、実際にどのように評価されるかという点だけにある[14]」

さらに、旧時代の破壊者であり、新時代の創造に向けた変革者・建設者でもあるイノベーターとも言うべきカリスマの、画期的な革新性と絶対的な内面支配を強調する。

「カリスマは、その最高の現象形態においては、およそ規則や伝統一般を破砕し、一切の神聖性概念を端的に覆滅する」とともに、信奉者に対しては、「いまだかって存在せざりしもの、絶対的に無類なるもの、したがって、神的なるものに対する内面的服従を強制する[15]」。

毛利元就や武田信玄にしても、真田昌幸・幸村親子にしても、歴史に名を残した戦国大名は、死の恐怖と隣り合わせにある戦場において、自ら発する指令により軍隊を自在に動かして戦わせるために、さらには自国の脆弱な社会システムを拡充し、領国支配を強化するためにも、こうしたカリスマ型支配を徹底させた。その筆頭は、言うまでもなく上杉謙信である。

真言宗に帰依する謙信は、仏教における武神である毘沙門天の化身と称し、本陣の旗印に「毘」の文字を大書して掲げていた。彼は、戦争とりわけ野戦において天才的な才能を有していた。迅速な用兵と柔軟な駆け引きによる統率力は、他の戦国大名と比較して抜きんでて優れており、ほとんどの野戦で勝利を収めたのである。

とりわけ、北条三万五〇〇〇人もの大軍に幾重にも包囲された、唐沢山城［栃木県佐野市］の佐野氏の救援に向かったときの謙信の行動は、まさに神がかり的であった。選りすぐりの二三人からなる小規模の騎馬隊を編成し、自ら先頭で何重にも取り囲まれる中を悠然と馬を進めて入城する。この度を超えた勇気ある姿を見た北条軍は、謙信はまさに武神の化身ではないかと恐れをなし、囲みをとき小田原へ撤退したと言われている。

こうした謙信の行動は、武士や農民兵からなる多数の兵卒を熱狂的な信奉者に変え、カリスマ型支配の貫徹につながっていった。

一方、中世的伝統の破壊者であるとともに、軍事・政治・経済・文化と社会の全領域において新時代の創造に挑戦し、晩年には自らを神と称した信長による軍隊や領国支配の方法も、典型的なカリスマ型である。

まず、伝統の破壊者としての側面で言えば、政教分離ができていないという理由から、既存の仏教を徹底して破壊する。比叡山を焼き討ちにし、長島［三重県桑名市］や越前の一向宗徒を大量に虐殺した。一方では、新時代の創造者として軍事組織の兵農分離に着手し、楽市楽座を推進し、軍事・交通のインフラとしての道路網を整備し、海外の遠隔地間貿易を含めた商業ネットワーク網を掌握・拡充していく。こうした一連の破壊と創造は、すべて自らの意思決定で専制的に決められ、それを忠実な部下の武将たちが実現した。

信長死後、天下統一の大事業を引き継いだ秀吉も晩年に至り、天下人として正統性の裏付けと権威付けのため、カリスマ型支配へ大きく傾斜したように思える。秀吉は自らを「日輪の子」と主張し、カリスマ性を高めようとした。そして、死後は自ら望んだとおり、豊国大明神として豊国神社［京都市］に祀られた。なお、明神は、「神が明らかな姿で現れる」という意味である。

秀吉死後に政権を奪取した徳川家康もまた、その死後に東照大権現という神となった。権現とは、「権《かり》に現れる神」という意味である。家康はその後も長く江戸幕府の始祖として「東照神君」「権現様」と呼ばれ、旗本を中心に崇拝され続けた。

伊達政宗も、超人間的な特性を持っているかの如く演じることで、カリスマ型支配を意識して追求した。独眼竜だった政宗は、「隻眼の高名な行者だった満海上人の生まれ変わりである」と主張した。満海上人は大日如来の再来であると言われていたので、政宗も大日如来の再来となり、生まれたときから神仏の化身であるとされて、カリスマ性を高めたのである。

戦国大名によるカリスマ型支配――その歴史的位置

このように、多くの戦国大名がカリスマ型支配に基づき統治したが、ウェーバーの支配の三類型を適用して、これを時系列に日本史に位置付けると、どうなるだろうか。

室町時代は、昔からある秩序や伝統を重んじ、家柄や身分によって権威の正統性を成立させていたので、伝統的支配が主流であったと言える。室町幕府の足利将軍も守護大名も、伝統的支配である。

しかし、応仁の乱以降の下剋上の本格化により、伝統的支配では下から台頭する国人、地侍、農民を統治できなくなっていった。こうした経緯から戦国大名は、台頭する国人、地侍、農民の自律性を超越して内面統治できるカリスマ型支配に頼らざるをえなかったのである。一方、秀吉による天下統一後は、巨大な統一国家を円滑に運営せねばならない。それゆえ、専門的な組織や制度が必要となり、官僚制支配が必須となった。

あらためて言うまでもなく官僚制とは、合理的な規則や秩序にしたがって政権や組織の目標を効率的に達成しようとする管理・運営の体系である。豊臣政権におけるその推進リーダーは、五奉行となった石田三成や増田長盛をはじめとする経済・財務官僚たちである。彼らによる官僚制支配と、豊臣政権に組み込まれたとはいえ、喰うか喰われるかの戦いを生き残ってきた歴戦の猛者である戦国大名たちを頂点として、戦士共同体によって編成されたカリスマ型支配の組織。両者が共存できずに対立する構図が形成され、秀吉死後も続くことになる。

この非和解的に対立する構図をうまく利用して政権奪取したのが、徳川家康だと言えるかもしれない。そして、江戸幕府の機構が整備され、官僚制支配の性格を強く帯びた統治システムが完成する。この結果、武士は分業により決められた仕事のみをこなす鋳型にはめられていく。

その後は平和な時代が続くなかで、大名の家臣団からは、生死をともにすることで持っていた戦士共同体としての強い一体感はいつしか忘れさられる。各自の役割は固定化されて官僚制化が進行し、かくしてカリスマ型支配は終わりを告げた。

現状分析⇩意思決定の重要性

これまでのステップごとの分析を踏まえ、さらにカリスマ型支配の内実を考察したうえで、戦国の情報ネットワーク＆意思決定システムをトータルに捉えたとき、何がもっとも重要なのか。あらためて自問すると、第四ステップの現状分析とそれに基づく意思決定がもっとも重要であり、とくにその質が問われていることがわかってくる。

質が問われる戦国大名の意思決定は、その後の展開が劇的であるがゆえに、複数の意思決定の選択肢が見え隠れする。そのため、戦国の歴史を分析する者たちは、「もしも」という別の歴史の展開を想定しがちである。

歴史において、一般的に「もしも」は禁句であると言われている。「もしも」を安易に制限なしに多用すべきではない。しかし、そのことはわかっていても、戦国時代における一瞬の油断も許されない熾烈な戦いにおいては、ほんのちょっとした意思決定の違いが勝敗の帰趨を大きく左右する。だからこそ、「もしも別な意思決定をしていたら、歴史は大きく塗り変えられていたのではないか」と論じてみたい強い誘惑にかられるのは、筆者だけではないだろう。

戦乱と変革の戦国時代は、その後の大名間の勢力地図を劇的に塗り変える可能性を秘めた複数の「もしも」を設定できる。ここでは、二つの事例を設定した。この二つの事例に、「もしも」という仮説を設定することで、情報収集からアクションに至るプロセスと現状分析に基づく意思決定の質の特性を別な視点から照射し、複眼的に分析していきたい。

その際「もしも」は一般的に禁句であることを念頭におき、意思決定に至るプロセスと質の特性を明らかにするという範囲に限定して、慎重に「もしも」という仮説を立てることにする。

①本能寺の変から山崎の合戦までの「もしも」

いろいろな意味で劇的な「もしも」の事例である。それは、明智光秀が織田信長を殺害した本能寺の変から、山崎の合戦において秀吉が光秀に勝利するまでの一〇日あまりだ。

周知のように、「信長殺害」を伝え、「毛利との同盟」を要請する光秀の書状を持った使者は、備中高松[岡山市]において、光秀側にとって不運にも毛利側に到達できず、秀吉側の陣営に迷いこんでしまった。使者を捕え、書状を読んだ秀吉は、この情報が毛利側に伝わる前に手を打とうと、直ちに毛利側に譲歩した条件で和議を結んだ。そして和議成立の直後、「中国大返し」により電撃的に軍勢を関西に戻し、すでに述べた「信長生存」という嘘が書かれた書状で多数の軍勢を集め、山崎の合戦で光秀を破るのである。

ここで、「もしも光秀の使者が迷わずに毛利側に書状を届けていたら」という仮説を立ててみたい。

毛利側は、この書状の中味が事実かどうかの裏付けとなる情報を取ろうとする一方で、信長本軍の後詰め（援軍）が来ないことを見越して、秀吉軍に攻撃を仕掛けたと推測できる。いつ信長横死の情報を知るかによるが、秀吉軍は不意を突かれて敗北し、退却した可能性が高い。

議論すべき論点は、このとき、そしてその後、毛利軍がどう行動したかだ。本章で提起したシステム理論の視点で言い換えれば、信長横死の情報を内外の情報と突き合わせ、どう現状分析し、どう意思決定してアクションに結び付けたかである。

毛利側はまず、この時点で度重なる秀吉軍の中国侵攻により領国を大幅に削られることで戦力がかなり低下しており、積極攻勢に転じるには相当の無理をせねばならないという現状を直視しなければならなかったはずである。そして、明智軍の信長殺害が彼らにとって想定外の突発的な事件だったため、明智軍が畿内をどれだけ掌握し、どんな政権構想を持っているのか、情報収集できていなかったと推測される。

また、トップである毛利元就の孫・輝元も次男の吉川元春も三男の小早川隆景も、元就の遺言「毛利家は中国の版図の保全のみを願い、天下を望むことなかれ」に、意思決定を強く拘束されたであろう。

こうしてみると、仮に毛利軍が備中高松で秀吉軍に勝利したとしても、この勝利を決定的にするため、秀吉軍の中国侵略の本拠地である播磨の国の姫路城までは追撃しなかった、と考えられる。情報の収集、収集により獲得できた限られた外部情報、戦力低下を踏まえた現状分析、それに基づく意思決定という時間の流れに沿って、情報ネットワーク&意思決定システムにこの仮説を適用してみると、いまはやりの歴史シミュレーション小説のような血沸き肉踊るダイナミックで劇的な展開にはなりえないのである。落ちつくところに落ちつき、率直に言ってつまらない結論しか導きだせない。

むしろ、この分析から明らかになるのは、限られた情報に基づいて直ちに現状を分析し、光秀打倒の戦略を創出し、毛利軍と即刻和議を結び、中国大返しという的確な意思決定をした、秀吉の俊敏性と構想力であろう。この意思決定と矢継ぎ早のアクションは、柴田・滝川・丹羽といった信長旗下の他の大名たちの本能寺の変後の対応と比較しても、圧倒的に高く評価できる。

秀吉の決断とアクションからは、「逆境の中でも、情報ネットワーク&意思決定システムを構想力を持って俊敏に作動させることが、いかに大切であるか」という教訓を導き出すことができる。さらに、こうした秀吉の力量をもってするならば、「毛利軍が先に本能寺の変を知る」ことで、戦闘に勝利する劇的展開が勝利の女神の微笑みにより何回か重なったとしても、結局のところ秀吉によって押しつぶされたと推察できる。

②武田家滅亡時の北条氏政の意思決定に関する「もしも」[16]

第二の事例は、武田家滅亡時の北条氏政の意思決定に関してである。

一五七八年(天正六年)に武田勝頼が上杉景勝と和睦し、同盟を結んだことで、武田と北条の同盟は破綻する。これ以降、北条は徳川家康と同盟を結び、武田の駿河領を挟撃した。こうした経緯を経て一五八二年（天正一〇年）二月、織田・徳川連合軍は武田領に侵攻を開始する。

侵攻の情報は、駿河方面からは収集できなかったが、上野国攻略の拠点である鉢形城城主の北条氏邦からは何度も知らせてきていた。しかし、氏政の武田領侵攻の意思決定は、大幅に遅れた。氏邦からの情報が信用できないと考えて、「信頼できる情報を送ってほしい」と再三にわたり返答し、待ちの姿勢のまま一カ月近くが経過してしまったからである。

このことから、北条氏は忍者集団風魔一族を敵陣の攪乱や夜襲などでは活用したが、敵地での組織的な情報収集にはほとんど活用していなかったことがわかる。その結果、織田・徳川連合軍に比べて北条軍のアクションは致命的に遅れた。こうして、北条氏は武田の領国をほとんど獲得できなかったばかりでなく、信長の武将・滝川一益による上野国進駐で関東進出を許してしまう。

「もしも」氏政が氏邦の情報に素早く反応し、迅速に武田領に侵攻していれば、武田領の一部の占領を実現できたはずだ。しかも、同じ年の夏に信長が本能寺で殺害されたことも追い風となり、関東の領国に加えて、甲斐・信濃・駿河のかなりの部分を確実に領国化できたと推定できる。もっとも、それが北条氏の東日本全域の支配や天下の覇者へのステップアップにつながったかどうかは、氏政にそうした構想があったとは思えないため、はなはだ疑問である。

ここでわれわれは、そこまで「もしも」の範囲を広げる前に、氏政が領土拡大の絶好のチャンスをみすみす取り逃がした事実を直視する必要がある。氏政は、なぜ絶好のチャンスを活かせなかったのだろうか。

それは、自前の情報収集網がきわめて弱体だったため、せっかく早い段階で情報が収集され、円滑に伝達されても、正しいかどうか判断できなかったからである。そのため、氏政による現状分析→意思決定につながらず、致命的なアクションの遅れをもたらした。この失敗の本質把握から、以下の苦い教訓が導き出される。

「氏政は、日頃より情報収集網を整備し、的確な現状分析に直結させ、その分析を長年蓄積された知識や知恵と突き合わせ、熟考するも躊躇することなく意思決定し、素早いアクションに結び付けるべきであった」

システム理論で言えば、自前の情報収集・伝達のシステムと現状分析・意思決定のシステムは、有機的につながることで初めて威力を発揮する。ところが、氏政の場合は、自前の情報収集網を持たず、しかも二つのシステムの間が切断されていたため、アクションの致命的な遅れを招いたのである。

この事例分析の深化は、自力での情報収集システム構築の大切さと、情報収集からアクションに至るステップの切断がいかに深刻な事態をもたらすかを明らかにしている。さらに深く掘り下げると、氏政が、意思決定のベースとなる領土拡大に向けた将来ビジョンも戦略も外部環境の変化に合わせて見直さず、歴代受け継がれてきた「関東の覇者になる」こと以外にビジョンを描こうとしていなかったがゆえに、致命的な遅れにつながったように思える。加えて、意思決定の指針となるグランドデザインの欠如も、たぶんに影響していたと言えるだろう。

情報処理能力の低下がもたらす組織の滅亡

北条氏は武田領侵攻のチャンスを逃して以降も、自前の情報収集システムをつくらず、現状分析能力も強化しなかったため、結果として意思決定に躊躇し、アクションの致命的遅れを招く体質を変えられなかった(17)。北条早雲が小田原城を奪取し、関東に進出してから一〇〇年近くが経過することで、初代早雲の禁欲的イノベーターとも言える進取の精神(第2章参照)は失われて老大国化し、組織自体の情報処理能力が急速に低下していったのである。

その後も北条氏政と息子・氏直は、西国を平定して天下統一が実現間近となった秀吉との外交交渉に関し、意思決定においてもアクションにおいても遅れを繰り返した。こうして、戦国大名間の最後にして最大の合戦―北条氏にとってまったく勝利の展望を持てない小田原合戦―に引きずりこまれることになる(18)。

そもそも、北条氏が領国以外の社会情勢の変化を押さえていれば、このような意思決定やアクションの遅れが致命傷になることがわかったはずである。さらに、秀吉が進める戦争の大規模化、ロジスティクスを含めたダイナミックな総力戦の新たな方法を事前に把握すべきだったにもかかわらず、把握しようと努力した形跡もない。それゆえ、有効な対抗戦略をつくりだすことができなかった。

開戦してからは、関東各地にある北条方の諸城が次々に攻略され、海陸両方から包囲された小田原城が孤立無援となり、勝利の可能性がまったくなくなったにもかかわらず、「小田原評定」を繰り返す。そして、堂々めぐりの話し合いの末に、ようやく小田原城を開城し、降伏した。情報収集・処理能力の著しい低下という病理現象に蝕まれていた北条氏の組織は、こうして破滅という最悪の事態に追い込まれたのである。

自前の情報収集システムが脆弱なうえに、情報の受け手である意思決定者にグランドデザインがなく、ビジョンや戦略を外部環境の変化に合わせて見直さない。そのため、客観的な現状分析ができずに間違った意思決定をして、拙速あるいは遅延によりアクションのタイミングを誤り、致命的な失敗に陥る。こうしたケースが、戦国時代に限らず、その後も繰り返されている。

その典型が、第二次世界大戦参戦時における日本軍大本営の間違った意思決定であろう。初戦でのドイツの電撃作戦が、イギリス占領によるドイツの勝利をもたらすという希望的観測に基づき参戦した日本軍は、まず情報収集による現状分析で間違う。自前の情報収集システムが確立していないため、必ずしもドイツが優勢でないというヨーロッパ各国の大使や武官からの正確な情報を軽視ないしは無視し、同盟国ドイツからの偏った情報に頼りすぎたのである。

しかも、戦争終結に向けたグランドデザインもなく、中期のビジョンも軍事戦略も世界情勢の

図９　情報ネットワーク＆戦略的意思決定システム

〔意思決定のプロセスの再設計〕

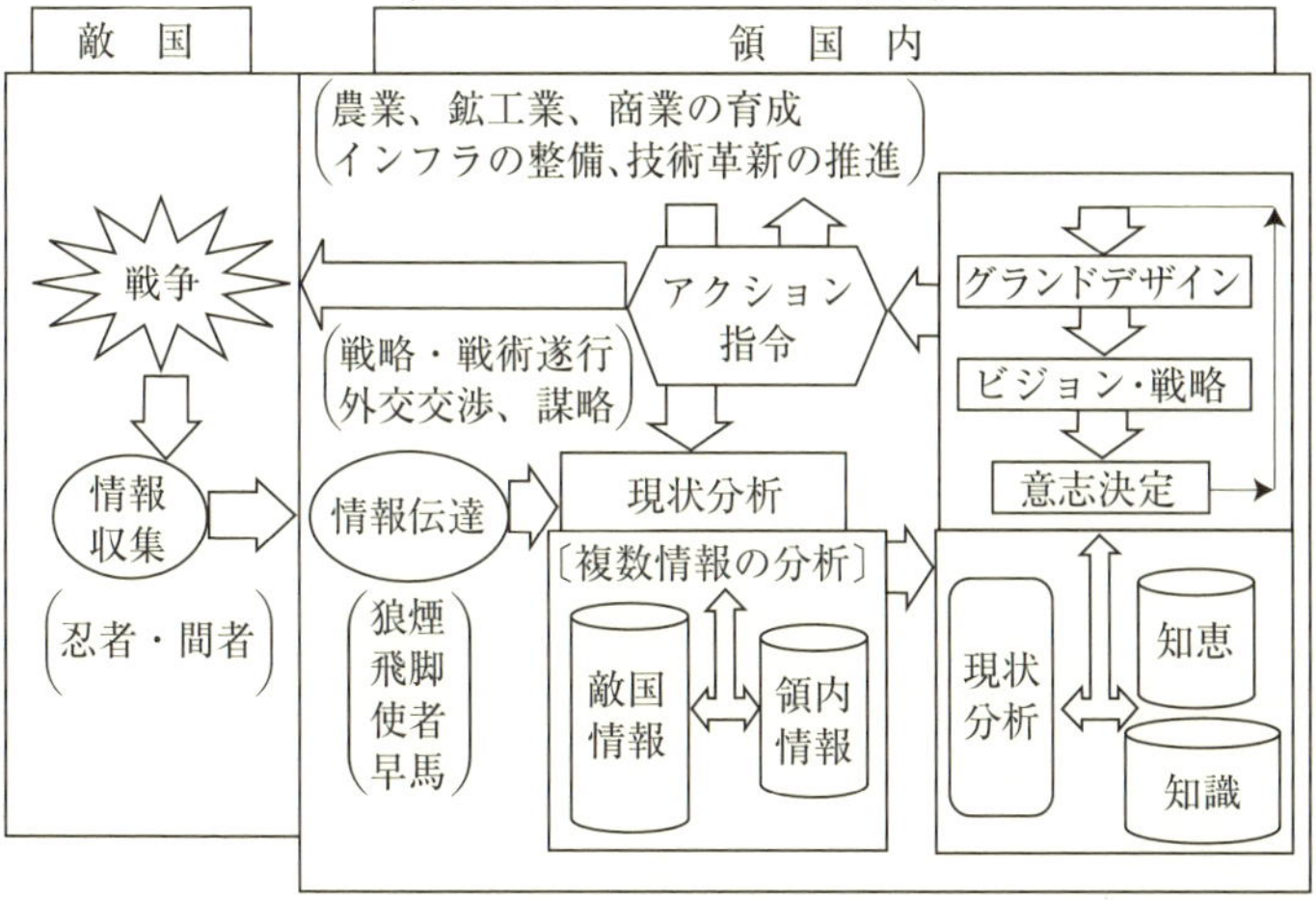

急激な変化に合わせて見直さなかった。短期の奇襲作戦を描くのみで、国の命運を左右する開戦という意思決定に踏み切ってしまう。

日本軍大本営は、偏った情報に基づく現状分析とビジョンなき近視眼的意思決定という二重の間違いを重ねることで、決定的に失敗した。

ひるがえって、こうした歴史上の失敗を教訓化し、戦国の情報ネットワーク＆意思決定システムに反映するならば、図９のように、意思決定の上位にグランドデザインやビジョンを位置付け、戦略を構築するプロセスを付け加えることで、システム全体を正しく作動させるように意思決定プロセスを再設計する必要がある、と言えるだろう。この再設計された意思決定プロセスが、その後の歴史を生きる指導者―国家、軍隊、企業などあらゆる組織の指導者―において、競争を勝ち抜き、組織を発展させる必須条件となる。
再設計されたこの意思決定プロセスは、組織間の競争が続くかぎり、われわれが生きる現代においても、はるかな未来においても、組織を勝利させるための必須の条件であり続ける。

補足リサーチ6　戦国時代における「もしも」について

本章では二つの「もしも」の事例を取り上げたが、熾烈な戦いが繰り返された戦国時代は、筆者が思いつくだけでも、以下七つの「もしも」の事例を書きだすことができる。

〈もしも①〉「少数の信長軍が衆寡敵せず、今川義元の大軍に敗戦し、信長が戦死していたら」
〈もしも②〉「信長が本能寺の変で死なずに、その後も生き続けていたら」
〈もしも③〉「武田信玄が存命し、織田・徳川連合軍に勝利し続け、京都に旗を立てることができたら」
〈もしも④〉「上杉謙信が四九歳で死なずに、軍事行動を続けていたら」
〈もしも⑤〉「戦国最強と言われた島津軍を率いる島津氏の領国が、京都に近い位置だったら」
〈もしも⑥〉「伊達政宗が、戦国末期ではなく、もっと早く生まれて、奥州を統一していたら」
〈もしも⑦〉「関ヶ原の戦いにおいて小早川秀秋が西軍として戦うという意思決定をして、東軍が敗れ、西軍が勝利していたなら」

筆者のみならず、戦国時代に興味のある読者の皆さんであれば、その後の歴史を塗り変える「もしも」の事例を列挙できるのではないだろうか。もちろん、この七つ以外にも、意思決定の逡巡によるわずかな遅れや油断が自身の破滅をもたらす戦国時代は、「もしも、あのとき、熟慮したうえで俊敏な意思決定とアクションをとっていれば、歴史を変えることができた」という事例が、次々と想定できる。

まさに戦国時代は、無数の採用されえなかった「もしも」の集積体から、数少ない相対的に優れた意思決定とアクションのみが採用されて勝利した、過酷なサバイバル戦の歴史だったと言えよう。

次に、そうした戦国時代の「もしも」の特性を踏まえ、七つの事例について、その実現可能性と、それが実現したときに、その後どのような展開がありえたのか、検討してみよう。

①に関しては、すでに第3章で述べたとおり、成立の可能性は低かったと言える。なぜなら、信長は桶狭間の戦い以前に謀略を駆使し、加えて情報戦を展開してリアルタイムに今川本軍の動向を掌握していたため、勝利の確度はきわめて高かったからである。

②と③については第9章で詳細に検討するので、ここでは言及しない。

④〜⑥に関しては、戦国時代に詳しい読者の皆さんのなかには、実現していたらという強い想いを抱いている方が多いだろう。筆者も、実現しなかったがゆえに、そうした見果てぬ夢を抱いている一人だが、ここではあえて醒めた眼で客観的に検証してみよう。

④については、謙信が死の直前の一五七八年（天正六年）の春に拡大した領国全体に総動員令をかけていたことから、京都を目指した西上作戦を本格展開したであろうと、読者の多くが想

定しているのではないだろうか。というのも、その前年に謙信率いる上杉軍が加賀の手取川において織田軍に圧勝し、越前の九頭竜《くずりゅう》川まで進軍していたからである。この勝利の実績と、軍神といわれた謙信の実力をもってすれば、信長を撃破し、京都に旗を立てることも十分ありえたという仮説が成立しうるように思える。

しかし、実際には、謙信は関東管領であることに固執し、この総動員令も関東攻略が目的だったという説が有力である。したがって、「もしも」謙信が死なずに軍事行動を続けていたとしても、京都に旗を立てることはなかったと言える。

⑤の先には、戦国最強と言われた島津軍による天下統一という躍動感あふれる勇壮な仮説を想定できる。だが、島津軍は突然に強くなったわけではない。島津氏は鎌倉時代以来、南九州の薩摩と大隅を領国に蟠踞し、長年にわたり尚武の気風を培い、強い軍隊を育ててきた。それゆえ、島津軍が京都に近い位置にあったなら、地域特性の違いから尚武の気風を醸成しづらくなり、戦国最強にはなりえない。したがって、この「もしも」から想定される仮説も成立しえないと言わざるをえない。

⑥の仮説も魅力的である。文武両道に秀でる一方で、謀略を用い情報戦にたけた政宗が「遅れてきた青年」でなかったなら、奥州の統一を基盤に関東の北条軍を破り、大胆な西上作戦を展開しえたのかもしれない。しかし、当たり前の話だが、政宗は戦国時代の終盤に台頭してきたからこそ政宗なのであり、もし彼が戦国時代の真只中に生まれていたなら、政宗になりえなかったであろう。言うまでもなく、主体としての人間は、政治・経済・文化といった社会システムとの相互作用のもとで人格を形成していく。異なった社会システムにおいて、同じ政宗が

歴史の表舞台に登場することはありえない。

⑦の先には、二つの仮説を想定できる。

ひとつは、小早川秀秋のみが西軍につき、東軍がその日の戦いに敗れた場合である。そのときは、東軍は退却し、信州・上田の真田軍に翻弄されたがゆえに遅れて到着した秀忠軍と合流し、体制を立て直したと想定される。一方で、西軍側には、近江の大津城を攻略した猛将・立花宗茂が合流し、両軍の勢力は拮抗したのではないだろうか。

もうひとつは、小早川軍の西軍側への参戦に影響され、南宮山で事態を静観していた毛利軍が一気に東軍に攻めかかるという仮説である。明治時代に日本陸軍の教官に招聘されたドイツの名参謀メッケルは、関ヶ原の東西両軍の配置を見せられ、即座に「西軍の勝ち！」と判定したと言われている。それは、小早川軍や毛利軍が西軍側で軍事行動することを前提としていた。

「もしも」毛利軍が東軍に攻めかかっていれば、東軍は壊滅的な敗北を喫し、家康も戦死した可能性が高い。その場合、以後の展開はどうなるのか。可能性が高いのは、豊臣秀頼の後見人に毛利輝元がなり、参謀として石田三成が辣腕をふるうことである。だが、凡庸な輝元と秀吉配下の武断派に嫌われている三成による体制では、天下が統一されるとは考え難い。しばらく内乱状態が続いたと言えるだろう。

結果的には、この「もしも」の二つの仮説も成立しえなかった。なぜなら、第3章で述べたように、家康が関ヶ原の戦いの直前に一七六通もの書状を発信し、裏切りの勧めも含めた謀略戦による多数派工作による効果が、鮮明に浮かび上がってくるからである。加えて家康には、他の大名に抜きんでた高い軍事能力と抜群の政治的手腕があり、しかも天下統一のビジョンと明確なグランドデザインを持っていた。この二点が多くの諸大名に対する強力な威圧となり、かつ求心力となったと言える。このように考察してくると、⑦も成立し難い。

歴史家のE・H・カーは、「もしも」は歴史記述から排除されねばならない、と主張した。筆者もその見解は正しいと思う。実際、本リサーチで検討した五つの「もしも」の先の仮説の実現可能性は低いと結論せざるをえない。その一方で筆者は、「もしも」の検討は、厳格に排除すべき意味のないことだとは思えない。

なぜなら、「もしも」を排除し続ければ、これまでの歴史は、選択肢の介在する余地のない過去の単線的な事実の累積になり、歴史過程における異なる選択の可能性の全否定につながるからである。こうした全否定は、自由な意思決定権を持ち、主体的に社会に働きかける人間の存在をも否定する結果になり、単なる決定論の呪縛に絡めとられてしまう。

閉塞状況にある現在のわれわれに必要とされていることは、過去の歴史における「もしも」の検討から異なる選択肢を見いだし、その選択肢がなぜ実現しなかったかを多面的に検証し、未来に活かすことだと、筆者は主張したい。

もちろんカーの言うように、「もしも」を「まったく感情的で非歴史的」に主張する未練学派のような立場はとるべきではないが、戦国の歴史を多様な視点から捉えるために、その時代にありえた異なる選択肢の検討は意義があると言えるだろう。こうしたコンテクストのなかで、第9章において「もうひとつの選択肢の可能性」について論じることにしたい。

（1）ここで、戦国の情報ネットワーク＆意思決定システム上を行き交う情報、知識、知恵について、以下のように筆者なりに定義しておきたい。情報＝数多くの事実やデータを特定の目的によって分類し、評価したもの。知識＝情報と知恵の中間に位置する、体系付けられた情報。知恵＝特定の目的達成に向けて、複数の知識と過去の経験を突き合わせ、深く多面的に試行錯誤を繰り返すことで獲得される、オリジナルな問題解決能力。なお、事実・データ→情報→知識→知恵と矢印の方向にステップアップするごとに、特定の目的実現に向けた加工度は高まっていく。

（2）この信長のインフラ整備に基づく経済政策は、ルイス・フロイスにより写実的に描かれている（松田毅一・川崎桃太訳『完訳フロイス日本史2』中公文庫、二〇〇〇年、一二四～一二六ページ）。信長の政策がいかに画期的だったか実感できるので、やや長いが引用する。

「この安土の市から都まで陸路一四里の間に、彼は五、六畳の幅を持った唯一の道路を造らせ、平坦で、真直ぐにし、夏には陰を投ずるように両側には樹木を植え、ところどころに箒を懸け、……道路を清掃するように定めた。一定の間隔をおいて休息できる家があって……夜間旅をし……路傍で眠り込んでも……安全となった。彼は道中のこの秩序と設備をその統治下の多数の諸国において実施させた。……彼はあらゆる賦課、途次支払わなければならなかった関税、通行税を廃止（した）」

（3）吉田豊編・訳『甲陽軍鑑』徳間書店、一九七一年、一七五～一八八ページ。

（4）前掲（3）、一四九～一五五ページ。

（5）前掲（3）、八三～八六、九四～一〇二ページ。

（6）前掲（2）、一〇〇ページ。

（7）前掲（2）、二〇八ページ。

（8）詳細は、谷口克広氏が『信長軍の司令官』（中公新書、二〇〇五年）にまとめられている。

(9) 小和田哲男『信長――徹底分析十七章』KTC中央出版、二〇〇三年、一二六～一二七ページ。
(10) 宮城音弥『日本人の性格』東書選書、一九七七年、一五九～一六三ページ。
(11) 前掲(10)、二二〇～二二三ページ。
(12) 芥川龍之介『侏儒の言葉・西方の人』新潮文庫、一九六八年、一〇八ページ。
(13) マックス・ウェーバー著、濱嶋朗訳『権力と支配』講談社学術文庫、二〇一二年、八三～八四ページ。
(14) 前掲(13)。
(15) マックス・ウェーバー著、世良晃志郎訳『支配の社会学Ⅱ』創文社、一九六二年、四一一～四一三ページ。
(16) 北条氏政の意思決定が遅れた経緯は、山田邦明『戦国のコミュニケーション』吉川弘文館、二〇一一年、一八二～一九五ページ、盛本昌広『戦国合戦の舞台裏』洋泉社、二〇一〇年、二九～三四ページ。
(17) 司馬遼太郎氏の『覇王の家(下)』(新潮文庫、二〇〇二年)の四五～四九ページには、徳川家康が北条氏にインドネシア産のキングオレンジを贈ったことが書かれている。北条の重臣たちはこれをダイダイと勘違いしたため、家康は「小田原の者どもは、あの果実を味わいもせず、ただ見ただけで、その辺りのダイダイと思うようでは、一事が万事である。北条の家は、いよいよ末であるらしい」と嘆いたという。この逸話は、北条氏の情報収集・処理能力の組織的低下を如実に現していると言えるだろう。
(18) 斉藤慎一『戦国時代の終焉――「北条の夢」と秀吉の天下統一』中公新書、二〇〇五年。

第7章 民衆がつくる情報ネットワーク

複数の社会、複数の情報ネットワーク

戦国時代は、第2章で分析したように、一律に統一された社会ではない。戦国大名が支配する各地域の領国とは別に、加賀のように一向一揆が支配する国や、伊賀の国や甲賀郡のように選挙で選ばれた評定人や奉行が忍者集団を率いる国や郡もあり、複数の異なった社会システムが並存する時代だった。しかも、戦国大名の領国も、それぞれ個性ある異なった社会システムを形成していた。よく言えば多様な社会、日本全体を一元的に統治しようとする支配者の目線でシニカルな見方をすれば、統一されていないバラバラに拡散した社会と言えるだろう。

したがって、情報ネットワークという切り口で捉えても、複数の異なった社会システムに照応して、複数の異なった情報ネットワークシステムが各地域に並存していた。ここで再度着目しなければならないことは、前章で述べてきた軍事を基軸とした戦国大名の情報ネットワーク&意思決定システムとは別に、加賀や伊賀、甲賀のような戦国大名という統治者不在のシステムも存在していたことである。

そして、よりミクロな視点から捉えると、村や都市を基礎単位とし、地侍、農民、商人、職人といった民衆が主体となった、もう一つの情報ネットワークの存在が浮かび上がってくる。これ

は、二つの異なった形態で、より大きなネットワークに結合されていく。

ひとつは、戦国大名の情報ネットワーク＆意思決定システムに取り込まれ、下位のシステムとしてタテに組織化される形態である。もうひとつは、対等の関係でヨコに連携した加賀や伊賀、甲賀のように、広域の情報ネットワークを成立させる形態である。

こうした全体的な構造を踏まえるなら、各地に数多く形成された、もう一つの民衆の情報ネットワークの意思決定システムの分析抜きには、戦国の情報ネットワークを重層的に捉えられない。そこで本章では、まず、もう一つの情報ネットワークの舞台となる村や都市がいかなる特性を持っていたのかを概観したい。

戦国の村の特性

そもそもわれわれは、戦国の村のイメージをどのように描いているのだろうか。

筆者個人で言えば、かの映画界の巨匠である黒沢明の『七人の侍』―少年のころから何度も見て、そのたびに新しい感動をもたらしてくれた世界的名作―の舞台となった村のイメージが原風景として定着している。この映画に感動した多くの人たちも、同様ではないだろうか。

とはいえ、『七人の侍』がいかに名作品であっても、必ずしも史実に忠実に描かれているとは言えない。それは、いささかも芸術としての黒沢映画をおとしめることにはならないが、『七人の侍』で描かれた戦国の村は、史実に基づく戦国の村とはあまりにも異なっている。映画に描かれた村の特性は、以下の五点に整理できる。

①村は農民のみから構成される。彼らは落武者狩りにより武器を隠し持っているが、武装はしておらず、野武士の収奪行動に抵抗できない。農民たちは、虐げられた弱い集団である。

②他の村との交流が少ない。長老が「侍を雇って野武士に勝ったある農村」の話をするが、それははるか昔であり、日常的には他の村との交流が少ない孤立した村である。

③七人の侍が来るまでは、野武士がたやすく侵入できる無防備な状態にある。

④意思決定方法が曖昧で、一人の長老の経験的判断にすべて頼っているように見える。

⑤武士と農民の階層区分がはっきりしている。七人の侍が来るまで、村に武士は存在しない。

しかし、実際の戦国の村は、表7に示したように、『七人の侍』の村とは五点ともまったく異なっていた。(1)

①に関して言えば、戦国の村の成年男子は槍や刀で全員武装していた。村民は落武者狩りもやるし、村と村の紛争が起きれば戦う。領主の過度の年貢の取り立てや賦役といった無理難題に対しては、村落ネットワークを築いて各農村が武装して連合し、いわゆる一揆により自分たちの要求を実現していった。戦国の村民は、したたかさとたくましさを兼ね備え、そして何よりも戦国大名から自律していたのである。

②については、あるときは村と村の間で戦い、あるときは村落連合を組織し、武装して領主に

表７　『七人の侍』の村と実際の戦国の村の比較

	『七人の侍』の村	実際の戦国の村
武装の有無	非武装（武器は隠匿） ⇒弱者集団	成年男子は全員武装 ⇒自律した強い集団
他の村との交流	交流が少ない孤立した村	和戦両様、村と村は日常的に太いネットワークで結合
戦国大名・野武士の攻撃	無防備	防衛のためのインフラ整備 村の城を構築し、自衛
意思決定方法	曖昧で、長老の経験的判断に依存	村落自治により多数決で決定
武士と農民の階層区分	七人の侍と農民の間に明確な階層区分がある	地侍と農民の階層区分 壁は低く、流動的

対抗した。和戦両様において、村と村の間は日常的に太いネットワークでつながっていたのである。

③に関しては、村は無防備な状態どころか、われわれの想像をはるかに超えて、防衛のためのインフラを構築していた。畿内の多くの村は、周囲に堀をめぐらして防備し、九州や関東では、藤木久志氏が生き生きと描いているように、近隣の多くの村々が連合して共同の城を築き、防備を強化していた。たとえば「七、八〇〇人がこもる福岡県の村の城は、巾七、八間以上の堀を巡らし、戦国大名の立花軍がその堅固さに圧倒された」とされている。この堀の長さは約一〇メートルで、村の城の防備がいかに強固だったかがわかる。

さらに驚くべきは、「九州のある村の山城にたてこもった女性や子供達四、五〇人が武装して勇敢に戦い、戦争のプロである筈の戦国大名の軍隊一〇〇人余りを谷底に打ち落として戦死させた[2]」という記録もあるという。

④については、自律した農民たちによる役割分担に基づ

く村落自治が構築されていた。村の組織は、老者衆と若衆といった年齢階層別の分業によって成り立っていた。武装した若衆は軍事・警察の役割を担い、老者衆は外交・政治・裁判の決定権を握る。こうした役割分担のもと、平等原理に基づき、両者で寄合を持ち、重要事項は多数決で決定した。都市においても、同様の方法で運営される武装した自治都市が各地に生成・発展していく。このように多くの村や都市が、自由・平等の原理に基づく共和制的性格を強く持つようになり、文字どおり民衆による自主管理を実現していったのである。

⑤に関して言えば、戦国の村は地侍と農民によって構成されていた。地侍の任務は戦いから村を守ることであり、地侍が新たな村の支配階層を形成するケースもあった。伊賀の惣国一揆の掟では、戦争のときに農民が足軽として手柄を立てれば地侍に取り立てることが決められていた。このように、老者衆―若衆という年齢別階層とは別に、地侍―農民という身分制的な階層区分が存在した。したがって、その共和制的な特性は高く評価されるべきだが、完全に平等な村民による自治組織とまでは理想化できない身分制的階層を内在させた時代的限界をかかえていたことも、直視していく必要があろう。

なお、平等原理を提唱し、「百姓の持ちたる国」を実現した一向一揆も、教団組織という面では、教祖のいる本願寺を頂点に、本願寺（本山）→末寺→道場（寄合・講）という上意下達のピラミッド型組織を形成していた。その全体像を捉えるためには、こうしたヨコとタテの組織原理が複合した組織の特性にも目配りしていかねばならない。

悲惨な戦場

戦国の村はなぜ、村民が武装し、村の防備を固め、ときに連合して城まで築いたのだろうか。それはまず、国人や荘園領主の無理な年貢取り立てや賦役に自立して対抗するための自主防衛として必要だったからである。そして、戦時における他国の戦国大名の侵略から自らを守るために必要不可欠だったからである。

言うまでもなく戦国時代には、戦国という言葉の示すとおり、国と国の戦争が頻発し、残酷な暴力が横行していた。武装した村民は、落人と見れば無慈悲にも身ぐるみ剥いだ。敗者となった村民は、農産物を奪われ、戦争奴隷として略奪の対象となり、人身売買された。村の城が落城すれば、奴隷狩りの被害が女性に集中した。

戦国大名にとって戦場は、自らをアピールする晴れの舞台であり、絵巻物のような華やかな世界も、村民の目線で見れば、殺伐とした弱肉強食の戦いの場である。

戦場において公然と人身売買がなされていたことは、あまり知られていないが、多くの戦国大名が人身売買に手を染めていた。森鴎外の小説『山椒大夫』に描かれている中世の残酷な人身売買の世界が、組織的かつ大規模に行われていたのである。

余談だが、筆者は、弱きを助け強き敵と戦う義の武将、そして敵方に寝返った武将の人質を殺さなかった仁の武将である上杉謙信さえもが、関東の戦場において人身売買をしていた事実を知ったとき、「謙信おまえもか！」と思わず心の中で叫んでしまうほどの衝撃を受けた。謙信の義も仁も、その実行範囲が武将に限られていたとしか思えない。あまりの衝撃に、澄みきった日本画を見るような彼の漢詩『霜は軍営に満ちて秋気清し』も色褪せてしまった。そして、少年のころからの謙信の生き方への憧れも、「さわやかな英雄像」も、脆くも崩れさった（豊臣秀吉は、天下を統一する過程で、人身売買を深刻に受けとめ、人身売買停止令を発布している。このかぎりにおいて、秀吉は高く評価すべきであろう）。

以下では、こうした村と都市の特性の上に築かれた民衆の情報ネットワークがどのような特性を持っていたのか、二つの異なった視点から明らかにしていきたい。

文字社会か無文字社会か

まず民衆の情報ネットワークの特性を押さえるためには、戦国の社会は文字社会だったのか無文字社会だったのかが重要となる。

この視点から江戸時代を捉えると、明らかに文字が民衆にも浸透していった初期の文字社会と規定できる。江戸時代は、すでに述べたように年を追うごとに書林（現在の書店）が京都・江戸・大阪で急速に数を増やし、貸本という形式で、民衆に読書の習慣が定着していく。文字の習得については、数多くの寺子屋が貢献した。網野善彦氏によれば、江戸末期の日本人の識字率は四割を超えていたと推定される。当時の西欧各国と比較しても、格段に高いと言えそうだ。山本七平氏の推定識字率はさらに高く、一七世紀末には五割を超えていたという(3)。

江戸時代が初期の文字社会であるとするならば、その前段階にある戦国時代は、どう規定すべきなのだろうか。そして、識字率はどれくらいだったのだろうか。

もちろん、当時の統計データがあるわけではないが、複数の指標から類推できる。そこで、七つの指標を提示し、それに基づいて推理してみよう。戦国の社会の実像を探るいわば歴史探偵になって、七つの指標が何を意味するのか推理し、仮説を組み立てるのである。その際、識字率と併せて読み書き能力（いわゆるリテラシー）のレベルも設定して、戦国の社会が、無文字社会から文字社会への移行期のどのあたりに位置付けられるのかを明らかにしていきたい。以下、識字率と読み書き能力のレベルという二つの評価軸から推理し、仮説を立てることにする。

指標１	戦国の民衆への情報伝達手段として高札が用いられていたので、その内容の伝わり方を指標に、識字率を類推する。

高札に書かれている内容は、殺人・盗み・放火の罪の公表から、戦国大名による占領地での自軍の乱暴狼藉の禁止まで、多岐にわたる。ここで見落としてはならないのは、民衆も自ら高札を立てていたことである。土一揆では、高札を立てることで自らの主張を共有し、参加者全員の意

志を統一しようとした。京都では作者不明の落書きを記した高札が六条河原に立てられ、その内容が口伝えで広まり、民衆の世論を形成していった。

このように、高札は戦国大名から民衆までがさまざまな内容で立てたが、そもそも民衆の識字率がきわめて低ければ、高札を掲げる意味はない。文字を読める人間が高札を読み、読めない人間に伝えていったと推測される。こうした伝わり方が円滑に成立するためには、最低でも二〜三割の識字率が必要ではないだろうか。高札のまわりに一〇人集まっていたとすれば二〜三人がその内容を読んで、文字の読めない人びとに伝えることで、高札を見ていない多くの民衆にも情報がスムーズに伝わっていったと想定できる。

指標2　村落自治の運営方法を指標に、識字率と読み書き能力を推理する。

戦国の多くの村では、村民は多数決でものごとを決めていた。村役人の選定から泥棒の特定まで、自主投票によって決定されていたのである。この決定がすべて挙手でなされたと推定するには無理があり、少なからず記名投票していたと類推できる。つまり、村人が簡単な文字を書けなければ村落の自治は成り立たないという仮説を設定できるのではないだろうか。

指標３　一揆における一味神水の儀式から、識字率と読み書き能力を推定する。

一味神水とは、一揆に参加する村民全員が神社に集まり、起請文に全員が署名し、さらにはこの起請文を焼いた灰を神水に溶かして回し飲みすることで、団結を確認する儀式である。この儀式を成立させるためには、村民全員が自分の名前を署名できることが望ましい。代筆もありうるが、儀式の性格上から考えにくいだろう。

では、全員が自分の名前を書いていたのか。実際には、文字で署名する農民と○や十字といった記号で署名する農民が混在してつくられた起請文も残されている。したがって、すべての村民が自分の名前を書くことができたとは即断できないが、望ましいのは全員自筆の署名である。それゆえ、一味神水の儀式が村民の読み書き能力向上のきっかけとして作用した可能性は高い。

指標４　苗字を名乗る上層農民のリテラシーから推理する。

農業技術の革新による農業生産力のアップは、小規模ながら独立経営する農民層を成立させた。そのなかから苗字を名乗る上層農民階層が形成されていく。その構成比率が約二割を占めていたという畿内の村の記録もある。(4) 苗字を名乗る以上は、少なくとも自分の名前を読み書きできることが必要だったと推定できる。

指標5　民衆のための文字学習の学校と教材があったかどうかを指標に、識字率と読み書き能力を推測する。

江戸時代の識字率向上に大いに役立った寺子屋は、室町時代からつくられていた。文字学習の教材として便利な『庭訓往来』(文例や単語を収録した文典)や『節用集』(字引)も村々に行き渡りつつあり、地侍と農民の主要メンバーを中心に読み書き能力を高めたと推測できる。

指標6　農民出身の秀吉の読み書き能力から推測する。

戦国という能力主義が貫徹された競争社会のナンバーワンの勝利者であり、下剋上の象徴的存在は、言うまでもなく天下を統一し、関白まで出世した農民出身の豊臣秀吉である。その書状は、戦国社会全体の識字率や読み書き能力を推定するうえで有力な物的証拠となるのではないだろうか。すでに述べたように、自筆八〇通を含めて数千通が現存している。もっとも古い書状は、信長に仕えていた木下藤吉郎時代の一五六五年(永禄八年)に美濃の松倉城[各務原市《かがみはら》]城主・坪内利定宛てに書かれている。当時二八歳、武士として出世街道に乗りつつあった時期である。(5)

小和田哲夫氏が主張しておられるように、秀吉は下層農民の出身だったと推定される。(6) そうだとすれば、もっとも文字を書く機会に恵まれなかった階層に属していたことになる。その秀吉が、どこで、誰から、どのようにして、文字を習得したのだろうか。

その答えを探すのは容易ではない。なぜなら、信長に仕える以前の経歴は、江戸時代の民衆に読まれた『真書太閤記』をはじめとする「太閤記もの」のようにはっきりしていたわけではなく、謎に包まれているからだ。秀吉の文字の習得については、想像力を働かせるしかない。想像力を働かせて推理すると、二つのケースを想定できる。ひとつは、少年のときに貧しさゆえに入れられた寺で学んだ可能性である。もうひとつは、一五歳のころに仕えた松下加兵衛に目をかけられて出納を任されたときに学んだ可能性である。ただし、決定的な確証は得られない。

それよりもわれわれが着目すべきは、下層農民出身の秀吉でも、少なくとも何らかの方法で文字を習得する機会を持てたことである。そして、われわれが評価すべきは、下層農民にまでそうした機会を与えられた、戦国の社会システムが内蔵するオープンな仕組みであろう。

こうしたことを踏まえ、あらためて形式にとらわれない秀吉の大らかな平仮名中心の自筆の書状に接するとき、戦国社会のフレキシビリティと民衆のたくましい向上心を感じずにはいられない。躍動する時代の熱気が、識字率や読み書き能力の向上につながっていったことが実感される。

指標７　海外から来日した外国人による記録を一つの指標とする。

戦国時代以前の一四四三年（嘉吉三年）に朝鮮通信使として来日した申叔舟《シンスクチュ》は、「日本人は男女身分にかかわらず、全員が文字を読み書きする」と記録している。また、戦国時代に来日した宣教師たちは、日本人の教養と識字率の高さに驚嘆している。たとえばフランシスコ・ザビエルは、「大抵の日本人は字が読めるので、私達の教会の祈りもすぐに覚えます」と記録した(7)。

これらの記録は、どちらかというと先進地域の都市や農村で民衆の主要メンバーと接した印象を誇張して書かれているようにも思える。しかし、それを差し引いても、戦国の社会が無文字社会から文字社会の段階に入りつつあることを明確に示唆していると言えるだろう。

以上の七指標に加えて、全人口に占める比率が一割に満たないとはいえ、読み書きができた公家、武士、僧侶といった支配階層の存在を忘れてはならない。そのうえで、戦国の社会全体における識字率や読み書き能力は、どの程度だったのだろうか。指標7以外は仮設でしか数値を導き出せないが、六つの指標はすべて、識字率や読み書き能力が高かった可能性を示唆している。

まず、指標1と4からは、民衆の識字率が二割以上あったことが推定できそうだ。また指標2と3からは、記名投票による意思決定や起請文による全員署名において、農村自治を成り立たせる〝あるべき手続き〟として、誰もが自分の名前を書けることを要請されていたことが明らかとなった。さらに指標5と6からは、戦国の社会が文字学習の教材を広く都市や農村に行き渡らせ、秀吉のような下層農民出身者にも習得の機会を与えていたことが、わかる。

こうして各指標をグルーピングして図10のようにまとめると、戦国の社会における識字率は、

図10　７つの指標による戦国の社会の識字率推定の概念図

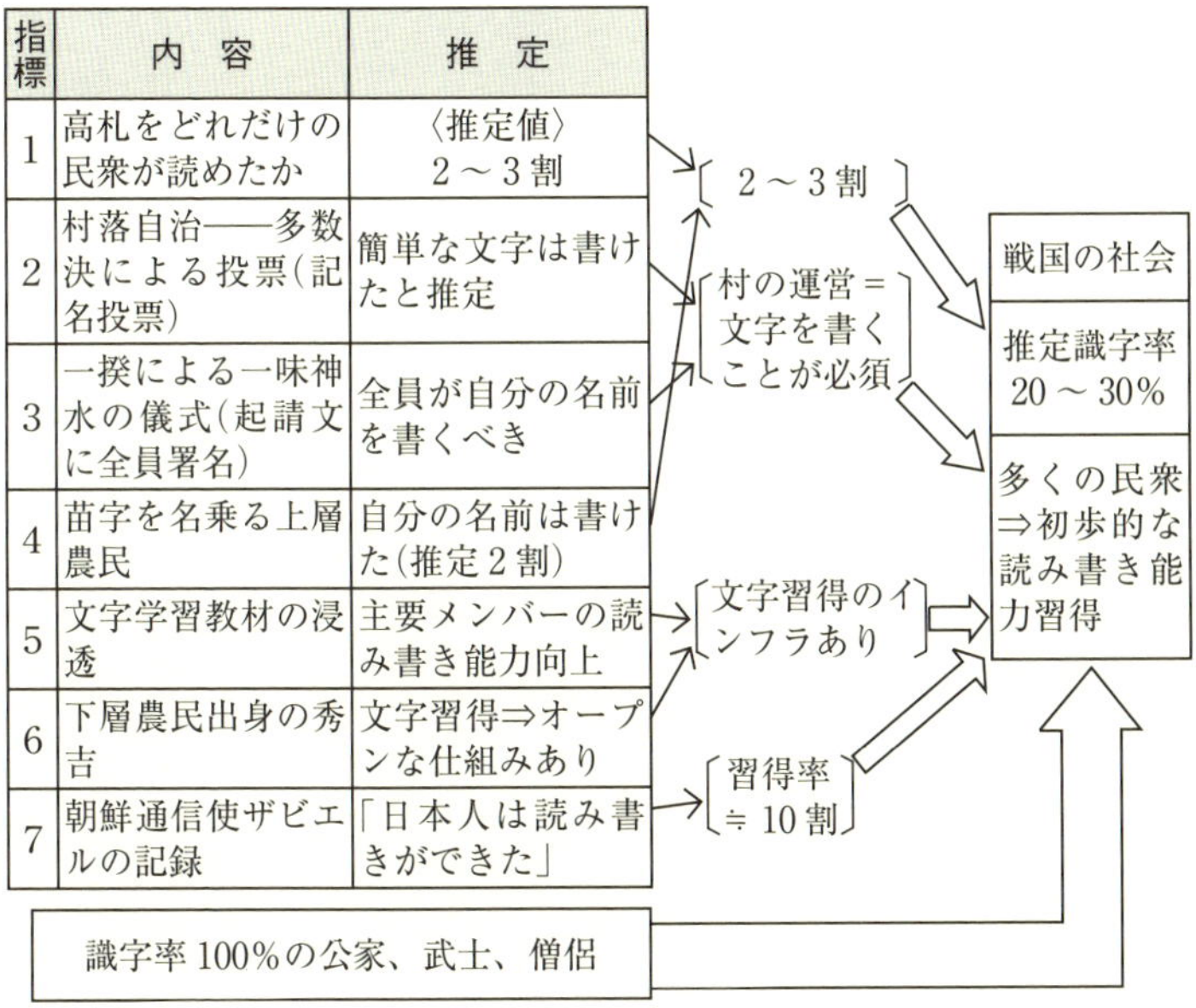

指標	内容	推定
1	高札をどれだけの民衆が読めたか	〈推定値〉2～3割
2	村落自治――多数決による投票（記名投票）	簡単な文字は書けたと推定
3	一揆による一味神水の儀式（起請文に全員署名）	全員が自分の名前を書くべき
4	苗字を名乗る上層農民	自分の名前は書けた（推定２割）
5	文字学習教材の浸透	主要メンバーの読み書き能力向上
6	下層農民出身の秀吉	文字習得⇒オープンな仕組みあり
7	朝鮮通信使ザビエルの記録	「日本人は読み書きができた」

われわれが想定していた以上に高い。読み書きできる支配階層の人口を加えると、控え目に見積もっても、二～三割に達していたという推定が妥当なように思える。そして、自分や他人の名前を書くという、ごく初歩的な読み書き能力は、指標1から4までの推定を加味し、指標7の記録を踏まえると、多くの民衆が身につけていた可能性が高い。

　一八世紀のロンドンの識字率は三〇％、パリの識字率は一〇％だった。したがって、一六世紀の日本は識字率においても読み書き能力においても群を抜いている。戦国時代の日本は、この分野で最先進国であり、トップランナーである。

われわれ現代の日本人は、こうした知的水準の高い祖先を持ったことに着目するとともに、その歴史的意味をポジティブに捉える必要がある。なぜなら、こうした戦国の民衆の識字率や読み書き能力の向上による知的レベルアップや、それを前提として集団で知識や知恵を創造する仕組みは、時代を越えて社会の基層で生き続け、一九九〇年代から世紀をまたいで現在も続く閉塞状況を打破する突破口となりうる可能性を秘めているからである。

このように歴史探偵となって推理してきたことを踏まえ、戦国時代を歴史の時間軸に沿って位置付けると、どのようになるのだろうか。この設問に対する筆者の仮説は、以下のとおりだ。

「江戸時代を初期の本格的な文字社会、古代を律令国家の貴族や官僚を除き無文字社会と規定するならば、長い中世の歴史の最終段階にある戦国時代は、七つの指標に関する推理と仮説から、二〜三割という高い識字率を推定できる。それゆえ、無文字社会から急速に脱却し、文字社会へ向けて飛躍しようとする最終移行段階と位置付けられる。こうした戦国時代の段階規定を踏まえて明らかとなる民衆の情報ネットワークの第一の特性は、思いのほか文字情報が行き交っていたことである」

音声と口伝えの情報ネットワーク

それでは、民衆の情報ネットワークをトータルに捉えると、いかなる基本特性をもって成立していたのだろうか。それを一言で表現するならば、高度な文字社会である二一世紀の現代を生きるわれわれからは想像もできないほど、音声や話し言葉、口伝えがコミュニケーションの主役の座を占めていると言える。文字情報が思いのほか増えたとはいえ、その比率はまだ小さく、音声が情報の伝達手段として圧倒的比率を占めていたのである。以下、その基本特性が際立って示されている事象を抽出して関係付け、全体像をスケッチしていきたい。

事象１　「言葉戦い」が勝敗を左右

言葉による戦い（「言葉戦い」）が戦場で重要な役割を果たしていたと、藤木久志氏は指摘している。[8] 言葉戦いとは、戦場で実際の戦闘の前に双方で言葉により攻撃することを指す。

現代のわれわれから見ると、単なる挑発行為としか捉えられない。しかし、言葉には言霊が宿り、パワーがみなぎっていると信じていた戦国の人びとは、言葉戦いが実戦以上に勝敗を大きく左右すると思っていた。実際に、言葉戦いに負けた軍隊が実戦の前に組織として崩壊した興味深い事例が、藤木氏によって紹介されている。

事象２　「話し言葉」による村の裁判

話し言葉主体で裁判が行われている。戦国の村は、自ら掟をつくり、裁判する司法権を持っていた。その特徴は、裁判の場で訴える者が話し言葉で自分の主張を述べたことである。そして、声の大きさで、訴えが正しいかどうかが決められた。

事象3　一向宗門徒の声が祝祭的空間を創出

一向一揆の組織において、「御文」を声に出して読む「口誦《こうしょう》」が重要な役割を担っていた。浄土真宗のカリスマである蓮如がとった布教の方法は、活発な「御文」の作成とその付与である。御文とは、ひたすら念仏を唱えれば阿弥陀如来は日頃罪状を積んできた者を救うと書いた文である。蓮如はこの御文をわかりやすい文章で書き、門徒たちが「口誦」するのにふさわしい文体とした。その結果、御文は次々と書き写され、文字の読めない多くの人びとにも口誦され、あっという間に普及していく。門徒たちが口ずさむ御文は、宗教歌に近い役割を担い、心を高揚させるリズムをもって唱えられることで、祝祭的空間を創り出していたと推測できる。

事象4　戦いにおいて楽器が威力を発揮

鐘や法螺貝《ほらがい》、太鼓といった楽器による音のネットワークが民衆を結び付け、共通の行動指針となっていた。

戦国の社会において、鐘は神仏のものであり、神仏のいる聖なる世界と俗界を結ぶ役割を持つ。伊賀の国がそうであったように、一揆で村民が武装して結集する、外敵の侵入を告げるなど、非日常の空間が創出されるとき、日常空間を超えるものとして鐘が鳴らされた(9)。戦争においては、法螺貝を合図に戦場へ向かって配置につき、言葉戦いを経て戦闘が開始されると、呪術的な意味を持った陣太鼓が叩かれた。敵に対する闘争心を駆り立て、敵を太鼓の音で圧倒しようとしたのである。

その音の組み合わせにより高度なネットワークを構築し、戦いに駆使したのが、武田信玄である。信玄は法螺貝や陣太鼓や鉦《しょう》(皿状の打楽器)を組み合わせ、それらの音の鳴らし方で軍隊の前進・後退や隊形の変更を指示したと言われている。自ら指示する楽器の音だけで、「静かなること林の如く」静謐だった武田軍の陣形を突然に迅速かつ自在に動かし、敵を圧倒していった。

その後、武田勝頼の時代の長篠の戦いにおいても、馬上の戦いにたけた武田軍の関東衆が押し太鼓を打ちながら織田軍にかかってきたと、『信長公記』に記録されている。戦国の非日常空間は、楽器の音と戦いの言葉が織りなす独得の空間だったのである。

事象５　うわさが人びとの行動を支配

うわさが戦国の情報ネットワークを駆けめぐり、主要なマスメディアの役割を担っていた。うわさを定義するならば、それは情報であり、最古のマスメディアである(10)。

本格的な文字社会が到来する以前は、口伝えが情報伝達の主要なネットワーク経路だ。口伝えの連鎖でつくりだされるうわさは、新しいニュースを運び、評判を広げ、戦争の展開やパニックにも大きな影響を与えた。

武田信玄はうわさを意図的に活用し、陽動作戦により敵を破っている。信玄は一五五三年(天文二二年)の信濃への出陣に際し、「戸石城[上田市]の工事を行うため」という偽のうわさを流す。そして、村上義清が戸石城方面を警戒していた不意をつき、義清の本拠地・葛尾《かつらお》城[坂城町]に迫った。その結果、義清は城を捨て、越後の上杉謙信を頼り、落ちのびざるをえなかった。こうして信玄は村上領を獲得したのだが、このうわさ活用の陽動作戦を成功させるため、部下の小山田備中守に対し、偽のうわさを広めるように自筆の書状で事前にきめ細かく指示していたという(11)。

また、信長の戦いを記録した『信長公記』を再読した筆者は、うわさに関するはっきりした記述を少なくとも三カ所に見いだすことができた(12)。たとえば一五七八年(天正六年)、信長の武将である荒木村重が「逆臣をいだいている」という知らせが信長のもとに届くとともに、村重が信長を裏切って本願寺の顕如へ忠節を尽くそうとしているといううわさが伝わってきたと記録されている。村重はこのうわさにも拘束されたのか、実際に信長を裏切る。一五八一年(天正九年)には武田勝頼が遠江《とおとうみ》［静岡県西部］へ出兵するといううわさが伝わり、織田信忠が実際に出馬したと記録されている。

このように戦争の展開に大きな影響を与えるうわさは、人から人への口伝えにより連鎖的に伝搬し、きわめて早いスピードで同心円的に拡大していく。そのスピードをはっきり証明しているのが、「本能寺の変」における伝わり方である。

一五八二年（天正一〇年）六月二日早朝、明智軍の奇襲により本能寺で信長が焼死し、午前八時には落人狩りが始まった。その二時間後の「午前一〇時ごろ安土には、風の吹くようにどこからともなく『明智日向守の謀反によって、信長公・中将信忠卿父子、ご一門、そのほかのご高臣の方々がご切腹になった』とのうわさが伝わってきた」と記録されている。うわさは驚異的なスピードで伝わったのである。

そして、うわさは大きくなるにつれて説得的になり、人びとは容易に信じるようになる。他に情報源がなければ、うわさが一方的に不安感を煽り、集団ヒステリーとも言うべきパニックに結び付く場合もある。マスメディアが発達した近代以降でも、うわさは補助的メディアとして機能し、他のマスメディアが機能停止したときに、デマ情報として跳梁跋扈する。その端的な事例を、関東大震災後の根拠のないうわさによるパニックに見いだすことができる(13)。

こうしたデモーニッシュ（悪魔的）な性格を内包したうわさが、戦国の情報ネットワークにおいて大きな影響力を持っていた。そうであるがゆえに、うわさの恐るべき効果を知っていた戦国大名は、戦いに勝利すると、同盟国の戦国大名に対し書状で事実以上に誇大に勝利を伝え、さらに忍者により意図して流させたのである。

戦国の民衆は、うわさが短時間に広がるダイナミズムに人知を超えた存在を感じとり、神や天狗の関与があったと信じていた。その驚異的な伝搬スピードに拍車をかけたのは、広域に移動する商人や芸能民たちだ。人びとが商品の売り買いに集まる市場で、多くの人びとの口伝えによってうわさは多方面に伝わっていく。

では、こうした多大な影響力をもって広域に伝わるうわさが正しくない場合、その間違いを否定することはできたのだろうか。結論から言えば、酒井紀美氏が的確にまとめておられるように、それは可能であった。

ただし、人間を超越した存在としてのうわさを否定するためには、あらかじめ神慮を問うルールや手続きが必要である。戦国の民衆は、こうした手続きを踏めば、神は正しく答えてくれると信じていた(14)。その手続きは神懸かり的で、とても科学的とは言えない。しかし筆者は、戦国の民衆が主体的にうわさを正しく軌道修正し、コントロールしようとしていたという一点において、前向きに評価すべきではないかと判断している。

以上の五つの事象を図11のように関係付けていくと、戦国時代における民衆の情報ネットワークの基本特性は、音声と口伝えが主要な手段であったと規定できる。

図11　戦国の社会における民衆の情報ネットワーク
—5つの事象が示すその基本特性—

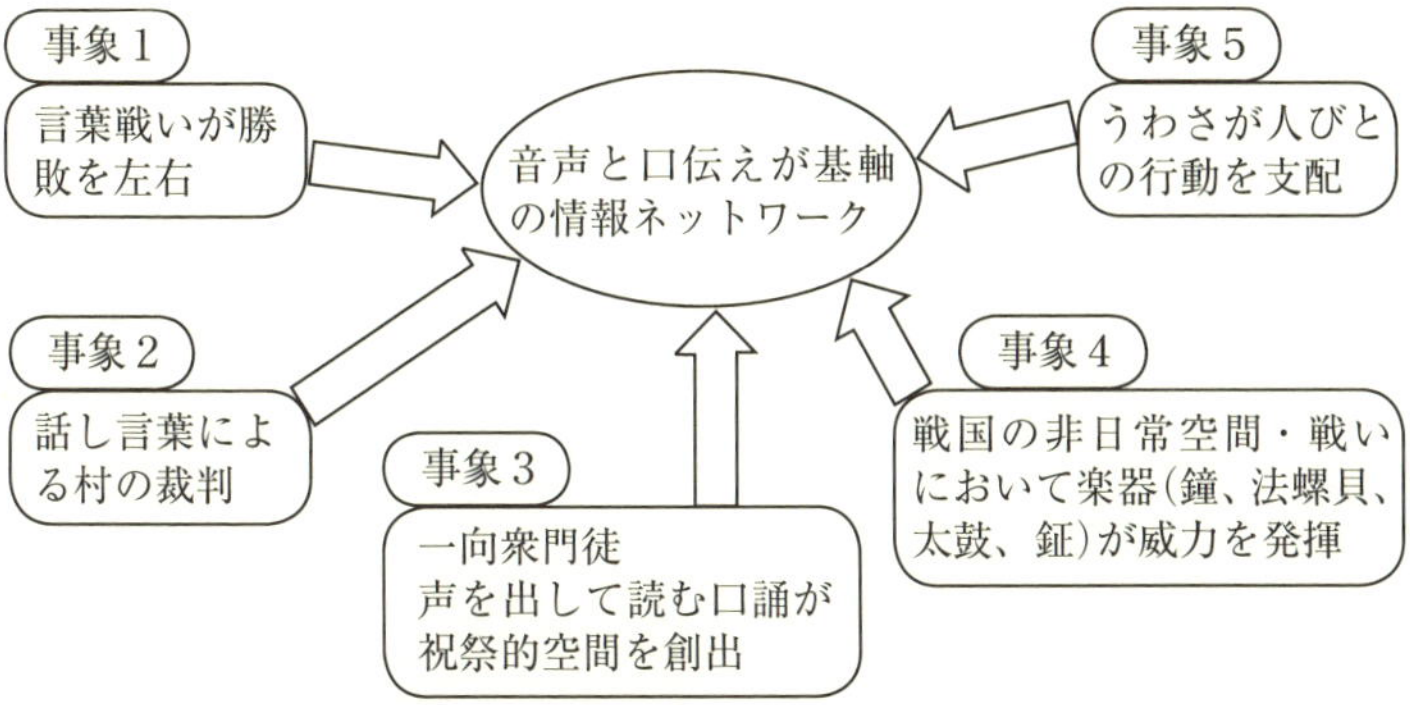

時間の経過とともに、識字率が急速にアップするなかで文字情報が行き交うようになる。とはいえ、全体の比率で言えば、あくまで音声情報が主軸であり、いまだ無文字社会の特性を引きずっている。そして、こうした音声を主軸とした情報ネットワークは、一面において呪術や迷信に束縛され、科学からは縁遠い中世の闇とも言うべき非合理的な性格を色濃く宿していた。

戦国の民衆がつくる意思決定システムと民衆像

戦国の民衆も、長い中世の歴史の束縛のもとで、非合理的な性格を有していたのだろうか。この設問への答えは否である。

その第一の根拠は、民衆の意思決定システムの特性に見いだすことができる。戦国時代の村や都市は自治が行き渡り、さまざまなことが多数決により意思決定されていた。音声や口伝え主体の情報ネットワークという制約下にあるとはいえ、こうした自治の経験を積み重ねることで、民衆はしだいに自律し、合理的な判断能力を有していったと推定できる。そして、民衆の知的レベルアップが的確に意思決定システムを作動させ、円滑な運用を実現していったと考えられる。民衆は意思決定を通じて合理性を身につけたのである。

第二の根拠は、当時イベリア半島から長期の航海を経て来日したキリスト教宣教師たちによる日本人論に求められる。宣教師たちは過去のしがらみも先入観もなく、客観的に考察できたので、その日本人論は信頼できる。たとえばフランシスコ・ザビエルは、日本人の合理性・論理性を評価する。

「日本人は、合理的な話を喜ぶ。どの国民よりも、何事も道理に従おうとする。日本人は、理性の導きに従う国民」

同様に、ルイス・フロイスは「彼らは分別があり、理性に基づいて己を処する」と述べ、カブラル司祭も「日本人に優り、もしくは彼ら以上に明晰な理解力を有する国民はいない」と高く評価していた。

またザビエルは、「日本人は生まれながらにして好奇心が旺盛、並々ならぬ知識欲を持っている国民」と、日本人の知的好奇心と進取の気性を高く評価し、ルイス・フロイスも「彼らは好奇心に富む」と述べていた。

さらにザビエルは、日本人の武士道にも通じる克己心の強さに着目する。

「日本人の美徳としてとくに強調したい特徴の一つは、我慢強さである」「日本人は名誉を欲しがる」「武勇に秀でている」

ルイス・フロイスは、卑劣な騙し打ちや秘密を守らないという日本人のマイナスの側面にも目配りしているが、彼らの日本人論を全体として捉えれば、概ね肯定的な評価となっている(15)。なかでも、日本人の合理性・論理性や知的好奇心、さらには克己心の強さを強調する考察からは、近代的市民像の原形とも言うべき特性が浮き彫りにされてくる。

資本主義の精神の形成

それでは、近代的市民像につながる特性を、一六世紀の極東の日本列島に住む日本人がなぜ先行して持つに至ったのだろうか。

その原因をたどると、二つの点にいきつく。ひとつは、小規模ながら独立自営する勤勉な農民が層として台頭してきたことだ。もうひとつは、局地的市場圏の原初的な形態の形成と、貨幣の流通による広域商業ネットワークの成立により、物量や損益を算出する計数能力を持ち市場経済に基づいて合理的にビジネスを拡大する商人層が、全国各地に形成されてきたことだ。

こうした民衆の合理性や克己心に基づく勤勉な労働の積み重ねが、勤労や倹約を美徳とする価値観を醸成し、資本主義生成の初期の原動力となったと考えられる。

江戸時代に至り、民衆の勤労や倹約の価値観は、石門心学[16]の創始者である石田梅岩により、勤労や倹約を絶対化する哲学を生みだす。さらに、徳川家康に仕えた後に僧侶となった鈴木正三は、「人間は、なぜ働かねばならないか」「農業即仏行」「働いていれば善」といった勤労の行動原理を、仏教思想として体系化していった[17]。

こうした勤労の哲学や思想の体系化と戦国時代に全面開花した能力主義が相乗効果を起こし、民衆の勤労と倹約の精神をより強固にして、資本蓄積が継続する。ヨーロッパにおける「プロテスタンティズムと資本主義の精神」とは歴史的経緯は異なるが、勤労を絶対的な自己目的とし、勤労と倹約を統一した行動原理としつつあった戦国時代の民衆は、すでに資本主義の精神を体現していたと言って、さしつかえないだろう。

その後も江戸時代を通じて、日本的な資本主義の精神が多くの民衆に広く深く浸透していく。そして明治維新以降、アジアで唯一の資本主義的発展の実現につながっていくのである。

補足リサーチ7　戦国の城を現地調査する

城というと、多くの人びとは、満々と水をたたえた幅の広い堀と高い石垣に囲まれ、豪壮で個性的かつ優美な天守閣を持つ江戸時代の城を、想定しがちではないだろうか。

こうした構造の城は戦国末期から建設されだす。一方、「敵を防ぐための軍事的構造物」と城を定義するならば、古代から建設されていた。

江戸時代には幕府により一つの藩に一つの城と決められていたが、戦国時代には全国で約五万もの城が存在していた。滋賀県に一三〇〇以上、愛媛県に一二〇〇以上が確認されている。また、戦国大名に帰属しない伊賀の国や甲賀郡には、それぞれ約三〇〇の城が築城されていた。筆者の住む埼玉県にも、五〇三が確認されている。

そこで筆者は、郷土史研究家を目指し、その第一ステップとして、かつて武蔵の国と言われていた東京都と埼玉県にある戦国の城を現地調査することにした。最初に向かったのは、原形を残している世田谷城である。

世田谷城は、北条氏と姻戚関係にあり、客将（客分である武将）的存在である吉良氏の城だった。東急世田谷線を上町《かみまち》駅で降り、豪徳寺方面へ歩いていくと、世田谷城址公園が見えてくる。公園は小さかったが、二重の深い空堀と土塁、さらには櫓台があったと推定できる眺望のきく高い土塁が、はっきりとした形状で残っていた。

すぐ近くには、井伊直弼の墓で有名な広い敷地の豪徳寺がある。戦国時代には豪徳寺周辺も世田谷城内に含まれていたというから、かなり大きな城だったと推測できる。また、主要道の集まる交通の要衝に位置していたので、攻撃してくる敵を防ぐために、周辺に支城のネットワークが築かれていた。

次に筆者は、そのひとつである奥沢城に足を向けた。奥沢城は世田谷城と同様に北条氏の滅亡とともに廃城となり、その地に江戸時代に珂碩上人《かせきしょうにん》が九品仏《くほんぶつ》浄真寺を開山し、現在に至っている。一見すると、緑豊かな寺院でしかない。しかし、方形の周囲を意識して探査すると、内側からは二メートル程度、外側からは三～四メートルの高低差のある土塁がはっきりと確認できる。

筆者は戦国史家ではなく、まして城に関しては素人にすぎない。それでも、この二つの城を現地調査することで、戦国の城の構造的な特徴がそれなりにつかめた。むろん、同じ東京都内にある巨大な江戸城とは比ぶべくもない規模ではあるが、世田谷城や奥沢城のような空堀や土塁からなる城が全国に数多く築かれていたことを実感できた。

こうしたフィールドワークを踏まえ、今度は筆者が住む埼玉県蓮田市の城を調査することにした。蓮田市は埼玉県東部にあり、関東平野のほぼ中央に位置する。埼玉県に存在する五〇三の城のうち、面積二七・三平方キロとさほど広くない蓮田市にも八つの城があったと記録されている。(18)筆者が調査したのは、痕跡がありそうな四つの城である。

まず、市の北西部にある閏戸《うるいど》堀の内の城跡に向かう。市の碑があったので、ようやく城跡であるとわかったが、L字型の土塁が残っているにすぎない。土塁のまわりの林には雑草が生い茂り、歩くのをさえぎるように蜘蛛の巣が張っていて、城の全体像をつかむことはできなかった。次に向かった井沼堀の内の城も、土塁を確認できただけである。

翌日は、市の東に位置する日光御成街道に近い江ヶ崎城に向かった。跡地には「江ヶ崎城跡」という大きな石碑と看板があり、「築城は鎌倉後期と推定される」と書かれている。二重の空堀があったという記録を確認していたので期待していたが、宅地開発後の現在、残念ながら城の遺構は見いだせなかった。

筆者が四つ目に現地調査した城は、「丸城」という名称の城跡だった。丸城に関しては、「四方沼田なり、古へは城ありし處なるべし、されど何人の居し事を伝えず」と『新編武蔵風土記』(第一〇巻、一一八ページ)に記述されている。ここには何度も足を向け、複数の視点から探査してみたが、遺構をはっきりとは確認できなかった。とはいえ、西城沼という沼と元荒川の中間に位置する台地は三〜五メートルの高低差がある土塁と推定できなくもない。台地の上は平らで眺望がきき、空堀らしき溝で仕切られている。さらに、U字型に一定の幅で台地を囲む水堀らしき地形もある。

本章では、戦国史家である藤木久志氏の著書『土一揆と城の戦国を行く』から、九州や関東では近隣の村々が連合して村民たちが自らの城を築いていたことを、具体例も含めて引用させていただいた。その著書から多くを学んだ筆者は、丸城が蓮田市のなかではもっとも城らしい地形を残していることから、何らかの手掛かりを得たいと思い、同書を丁寧に再読してみた。その過程で、埼玉県嵐山《らんざん》町にある谷津城跡の地形が、丸城の地形とそっくりであることに気づく。驚愕すると同時に、新発見をした歴史家のような知的興奮を覚えた。藤木氏は谷津城を調査し、『土一揆と城の戦国を行く』に以下のようにまとめられている。

「低い丘陵地帯(舌状台地)の先端部の山林の三方(比高二一メートル、幅一二〇メートルほど)を水田と沼地が取り囲み、丘陵に続く側の一方の先端だけを薬研堀の深い堀切で断ち割って、さらに土塁の遺構と削平地をわずかに伴う、小さな山城の跡がある」(二二〇ページ)

筆者もこの谷津城を調査した。項目別に比較すると、蓮田市の丸城は、比高が三〜五メートルで堀切と推定しうる空堀も深くはないという違いがあるが、『土一揆と城の戦国を行く』の二一九ページに掲載されている谷津城跡の地形図は、驚くほど丸城の地形図に似ている。

しかも藤木氏は、この谷津城を「おそらく一帯の集落に付属する、いわば村の城であった可能性を示唆して興味をひかれる」（二二〇ページ）と判断されている。

筆者も、この判断に賛同する。というのも丸城だけでなく、蓮田市の八つの城のうち閏戸堀の内の城主が北条氏の武将である黒須平内《へいない》五郎だと言われているだけで、他の七つの城は城主名がはっきりせず、伝承の域をでていないからである。さらに、伝承の域をでない城主名も、戦史上に名を残した国人でも武将でもない。

他方、一般にも有名で規模の大きな忍《おし》城［行田市］、松山城、岩槻城などは戦国の末期、北条方の国人や武将が城主であった。そして、豊臣秀吉の北条氏攻略の際に各城主たちは、城兵よりもはるかに多い周囲の村民が家財を持って城内に避難することを認めていた。

再び蓮田市の城に眼を転ずると、名のある国人や武将が城主だったわけでもなく、規模も小さい。そのため筆者は、複数の城が、地侍と農民からなる村民が集結し、自分たちで武装して自主防衛する「村の城」だったと推定している。

以上の現地調査から、村の城の存在を体系的かつ実証的に明らかにされた藤木氏の主張に、筆者は賛同する。

最後にもう一点、戦国の城について述べておきたい。

約五万の城のうち村の城がかなりあったと推定できるが、それ以外にも戦国大名、国人、武将が城主でない城があった。それは、一向一揆の門徒集団の城である。石山本願寺や金沢御坊《ごぼう》が代表的だ。ただし、石山本願寺は大阪城に、金沢御坊は金沢城として前田利家の居城となり、当時の原形はとどめていない。一方、筆者が現地調査をした白山麓にある鳥越城は、城の原形をとどめていることを確認できた。

(1) 本章における戦国の村の実像とその特性の説明の多くは、藤木久志氏と網野善彦氏の著作を参考にまとめている。藤木久志『戦国の村を行く』朝日選書、一九九七年。藤木久志『戦国の作法――村の紛争解決』講談社学術文庫、二〇〇八年。藤木久志『土一揆と城の戦国を行く』朝日新聞社、二〇〇六年。藤木久志『中世民衆の世界――村の生活と掟』岩波新書、二〇一〇年。網野善彦『日本中世の民衆像――平民と職人』岩波新書、一九八〇年。
(2) 藤木久志『土一揆と城の戦国を行く』朝日新聞社、二〇〇六年、一六〇〜一六一ページ。
(3) 網野善彦『日本の歴史を読みなおす』ちくま学芸文庫、二〇〇五年、一五ページ。山本七平『日本型リーダーの条件』講談社文庫、一九九一年、二七ページ。
(4) 永原慶二『日本の歴史10下剋上の時代』中公文庫、二〇〇五年、一四八ページ。
(5) 桑田忠親『太閤の手紙』文春文庫、一九八五年、一四ページ。
(6) 小和田哲男『豊臣秀吉』中公新書、一九八五年、三四〜六四ページ。
(7) ピーター・ミルワード著、松本たま訳『ザビエルの見た日本』講談社学術文庫、一九九八年、六一ページ。
(8) 藤木久志『戦国の作法――村の紛争解決』講談社学術文庫、二〇〇八年、一六〜五六ページ。
(9) 網野善彦『日本の中世に何が起きたか――都市と宗教と「資本主義」』日本エディタースクール出版部、一九九七年、一六五〜一九〇ページ。
(10) Ｊ・Ｎ・カプフェレ著、古田幸男訳『うわさ――もっとも古いメディア〔増補版〕』法政大学出版局、一九九三年、五〜七ページ。

(11) 山梨県立博物館『武田信玄からの手紙』山梨日日新聞社、二〇〇七年、四〜六ページ。
(12) 太田牛一著、榊山潤訳『信長公記(下)』教育社、一九八〇年、七九ページ、一九七ページ、三一〇ページ。
(13) 吉村昭『関東大震災』文春文庫、二〇〇四年、一四〇〜一六三ページ。
(14) 酒井紀美『中世のうわさ——情報伝達のしくみ』吉川弘文館、一九九七年、二一二〜二一三ページ。
(15) 前掲(7)。川崎桃太『フロイスの見た戦国日本』中公文庫、二〇〇六年。
(16) 石田梅岩が唱えた、平易な実践道徳の教え。
(17) 山本七平『日本型リーダーの条件』講談社文庫、一九九一年、一〇二〜一一一ページ。
(18) 蓮田市教育委員会『蓮田市史(古代・中世資料編)』蓮田市教育委員会、一九九九年、二八六ページ。

第8章

戦国の情報ネットワーク

——特性・全体像・世界史的位置・文化との関係

図12　民衆の情報ネットワークシステム

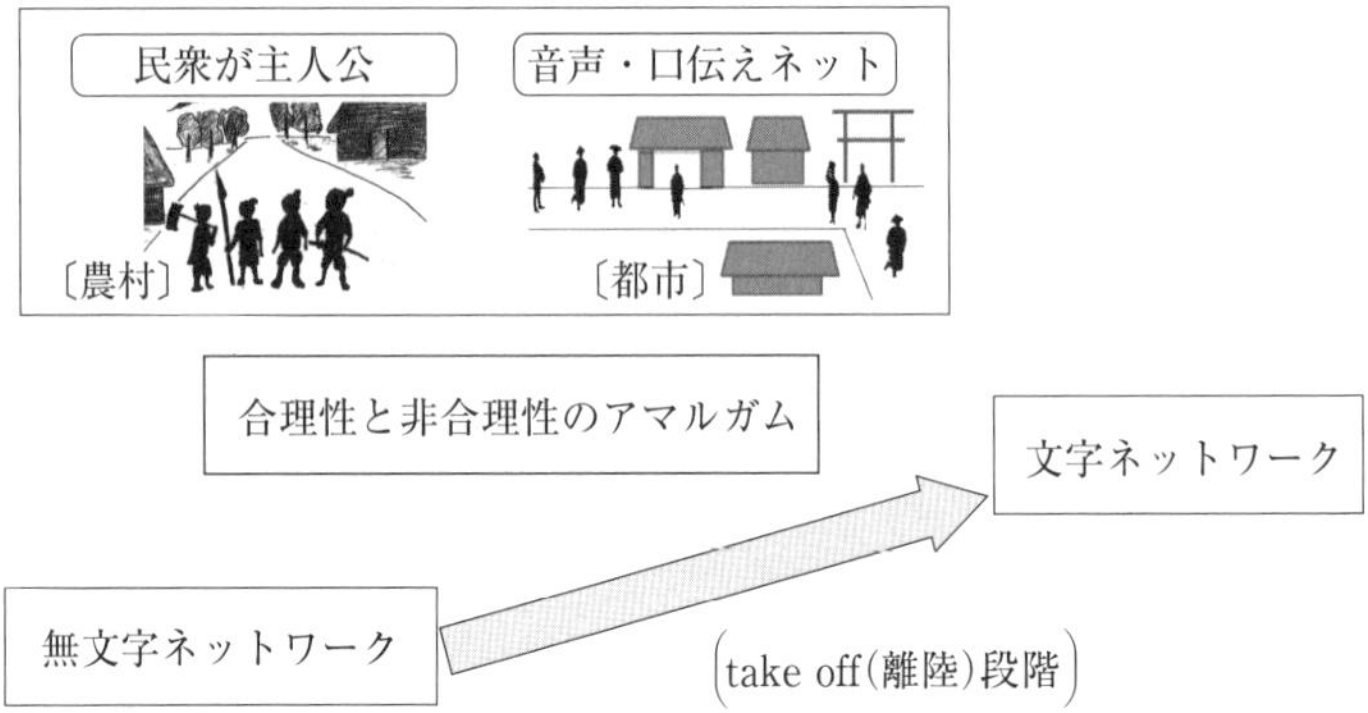

前章まで、さまざまな分析視角から戦国の情報ネットワークを考察してきた。本章ではその総括として、各部分ネットワークシステムの特性と、その連結の特性を踏まえ、それらを有機的に関係付けて全体像をスケッチする。加えて、戦国の社会と情報ネットワークを世界史的視野で捉えるために、同時代の中国の明と比較検討する。さらには、戦国の文化特性を社会システム・情報ネットワークとの関係で考察する。

基礎単位——民衆の情報ネットワークシステムの特性

戦国の情報ネットワークは数多くの農村や都市を単位とし、図12のように民衆が主人公のシステムである。それは前章で詳細に分析してきたように、中世の呪術的な非合理性を多分に内包した音声や口伝えを中心とし、知的好奇心旺盛な民衆が合理性をもって構築した。

こうした非合理と合理のアマルガム(混合物)とも言うべ

き情報ネットワークシステムを基礎単位に、戦国の情報ネットワークは成立していたのである。これをシステム理論のタームで表現すると、「民衆の情報ネットワークシステムが、戦国の全体の情報ネットワークシステムの構成要素を形成していた」と説明できる。そして、その変化を時系列に追跡していくと、民衆の知的好奇心に基づく合理性という特性が強力な牽引車となり、識字率や読み書き能力を急速に向上させることで、前時代から引きずってきた非合理性を打ち砕きつつあるという基本的構図が浮き彫りにされる。

したがって、民衆の情報ネットワークシステムは歴史的に次のように位置付けられる。

「音声中心から文字中心の情報ネットワークへ大転換する最終移行段階にあるとともに、文字社会の最初のステップである take off（離陸）の段階へ、部分的にはすでに突入しつつある過渡期のシステム」

戦国大名の情報ネットワークシステムの特性

戦国大名の情報ネットワークシステムは、第3章と第4章で詳細に分析してきた。それは図13で忍者による情報収集や狼煙による情報伝達に端的に示されているとおり、軍事を機軸として構成され、ネットワーク上では書状が行き交うシステムである。書状は、書かれる媒体である和紙の普及もあり、戦国大名や武将の範囲を越えて、武士の間でも日常的にやりとりされた。その結

図13　戦国大名の情報ネットワークシステムの特性

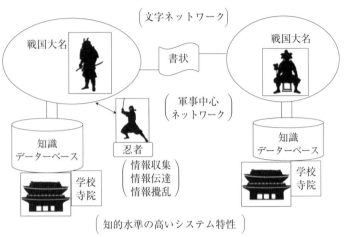

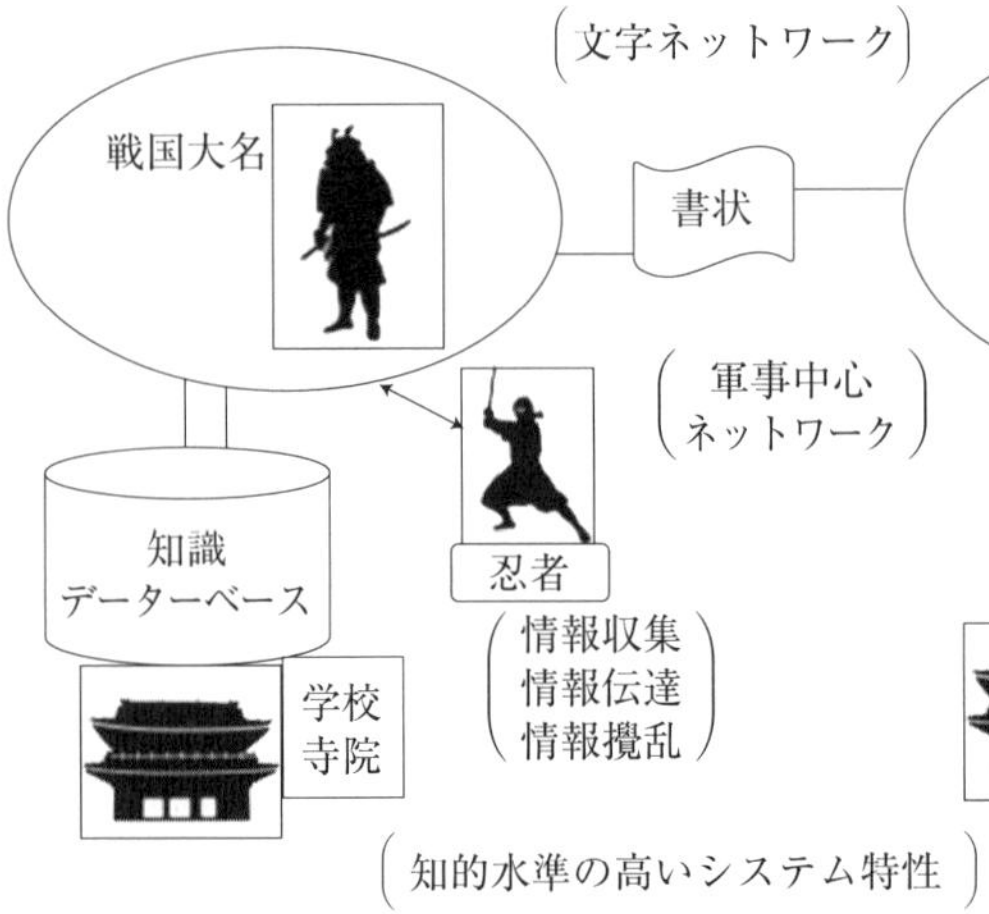

果、中世前期に比較して、書状を中心とした文字情報が頻繁に行き交うようになったのである。

そして、書状を書くための知的インフラストラクチャーとして、戦国大名や武士、僧侶といった支配階層には、足利学校に代表される数多くの書物を集積した学校や、寺院に僧侶が教える場が用意されていた。彼らは、この「戦国の図書館」「戦国の学校」で、知識を体系的に習得していく。

こうした個々の特性を全体としてまとめると、家臣である武士も含めた戦国大名の情報ネットワークシステムは、彼らが学習する場と知識創造するための大量の書物からなる知識データベースをインフラとして備え、これらを土台に書状を中心とした文字情報が行き交う、きわめて知的水準の高い特性を有していたと言える。ただし他方で、軍事を機軸に構築されていたことから、謀略情報を意図的に流すといった暗いマイナーな性格

図14　戦国の情報ネットワークシステム間の情報伝達の特性

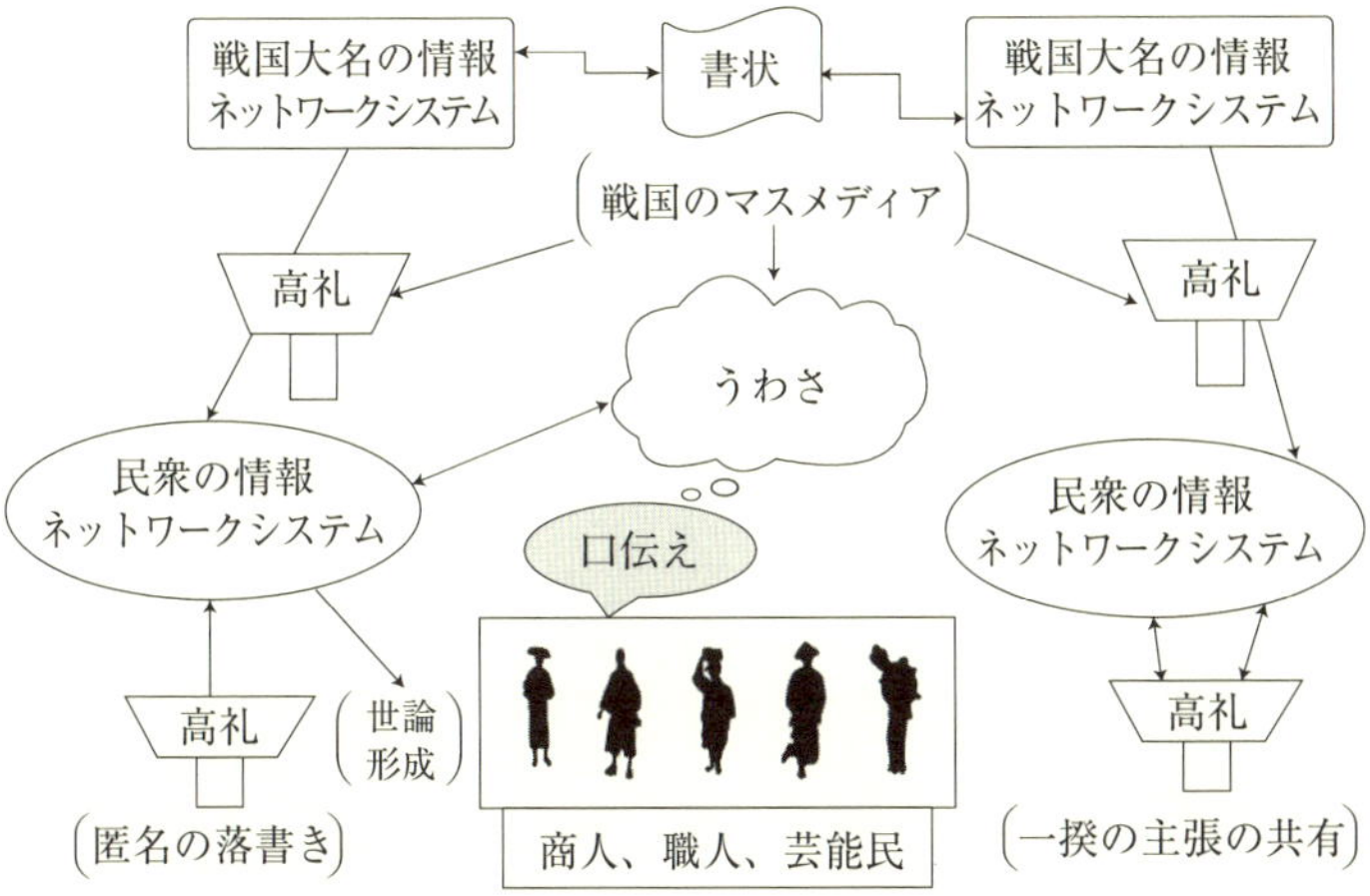

を内蔵していたことも忘れてはならない。

情報ネットワークシステム間の情報伝達の特性

次に、複数の情報ネットワークシステム間の情報伝達の特性を図14のように押さえることが、戦国の情報ネットワークの全体像を捉えるうえで重要となる。

まず、複数の民衆の情報ネットワークシステムをまたぐ情報伝達の基本特性は、非日常的な一揆や、紛争時には高札による主張の共有や書状のやりとりも発生したが、あくまで中心は口伝えであり、それに加えてうわさが威力を発揮していたことである。

口伝えやうわさの主な情報伝達者は、職業上移動をともなう商人や職人、芸能民であった。しかし、彼らによって、常に正しい情報が伝達されたわけではない。というのは、彼らには移動の自由が保障されていたがゆえに、変装した忍者がそれを最大限に活用して敵地に潜入し、味方を有利にするためのデマ情報を意図的に流すこともあったからである。

また、戦国大名から領国内の数多くの民衆への情報伝達手段としては、高札が用いられていた。さらに、匿名の落書きを記した高札も立てられ、それが民衆から民衆への情報伝達手段となり、しばしば世論の形成につながっていったことも、見落としてはならないだろう。なお、遠隔地の同盟関係にある戦国大名間の情報伝達においては、領国内と同様に書状が用いられていた。

こうした各情報ネットワークシステム間の情報伝達の特性を踏まえたうえで、全体的視点からは二つの特性を押さえておかなければならない。

ひとつは、情報伝達のためのマスメディアとしてはうわさしかなく、伝わる範囲の限定を許容した場合に、かろうじて高札も加えられる程度だったことである。

もうひとつは、使者や飛脚が担う領国をまたがる書状による情報伝達には想像以上に日数を要するため、発信と受信に数日間のタイムラグが必ず発生したことである。実際、戦国大名の領国間の政治や軍事のネットワークは、戦時には切断され、平時においても敵対している場合には、パイプはきわめて細かった。

また、敵国を通過しての伝達は、明智光秀の密書が秀吉軍に奪われたようにリスクが高く、時間的にもかなりの日数を要した。他方、広域の商業ネットワークのパイプがしだいに太くなっていく。その結果、うわさの運び手の数が急増し、伝達スピードがアップしたため、同じ情報が書状より早く、うわさによって伝わるケースも、ときにはありえたのである。

こうした情報伝達の二つの方法の特性から見えてくることは、戦国のマスメディアであるうわさが、人びとへの影響力においても伝達スピードにおいても、書状をはるかに凌駕していたことである。ただし、うわさには正しい情報を伝達するという保障はない。また、デモーニシュな性格を内包していることから、ときに制御不能な状態で猛威をふるい、人びとの不安感を煽った。

異なる意思決定システムの並存

戦国の情報ネットワークのなかで戦国大名の意思決定システムは、第6章で分析したように中枢のポジションにあり、もっとも重要な役割を担っていた。

また、戦国の社会システムの構成要素をなす農村や都市における意思決定システムは、第7章で分析したように、多数決原理に基づく決定プロセスを世界に先駆けて実現していた。ただし、農村や都市から集まった情報を現状分析し、意思決定する一国単位の広域システムは、一律に同じ性格だったわけではない。戦国大名の専制型の意思決定システムと、伊賀の国や甲賀郡のように選ばれた代表が合議によってものごとを決めていく共和制型の意思決定システムが、並存していた。

すでに分析してきたように、戦国大名の意思決定システムの基本的タイプは専制型である。それは、信玄のように部下の武将たちと話し合い、ときにその意見を採り入れる合議制の性格を内包した専制型システムと、信長のように単独ですべてを決定する文字どおり完全専制型システムとに分けられる。ここで着目すべきは、それぞれの意思決定システムが、〝情報〟をつなぎ合わせて体系化することで〝知識〟とし、さらにその知識を活用して成功失敗を繰り返して試行錯誤するなかで、独自の〝知恵〟や〝ノウハウ〟に昇華できる仕組みを有していたかどうかで、優劣が左右されたことである。

これを筆者独自のシステムのタームで説明するならば、以下のように言い換えられる。

「情報ネットワーク＆意思決定システムにおけるPDCA（Plan＝計画→Do＝実行→Check＝チェック、評価→Act＝改善）をまわすことで、このプロセスをうまく作動させ、実際の戦争に応用できるフィードバック機構を拡充し、敵の戦国大名がまねのできない知恵やノウハウを蓄積し続けられているかどうかが勝敗の分岐点だった」

さらに、各意思決定システムの優劣は、グランドデザインを描き、中期ビジョンを構想する一環として戦略的意思決定システムを構築できていたかどうか、にもかかっていた。こうした意思決定システムの優劣を左右するフィードバック機構や戦略性の有無といった評価軸は、戦国大名だけでなく、共和制型の意思決定システムにも例外なく適用できる。

こうした評価軸によってそれぞれの意思決定システムの優劣を比較することで、さまざまな歴史的教訓が得られた（第6章参照）。ここで普遍化できる教訓を一つ追加しておきたい。

「一人で意思決定する信長のような完全専制型システムは、天才である信長がいかに優れてい

図15　戦国の意思決定システム

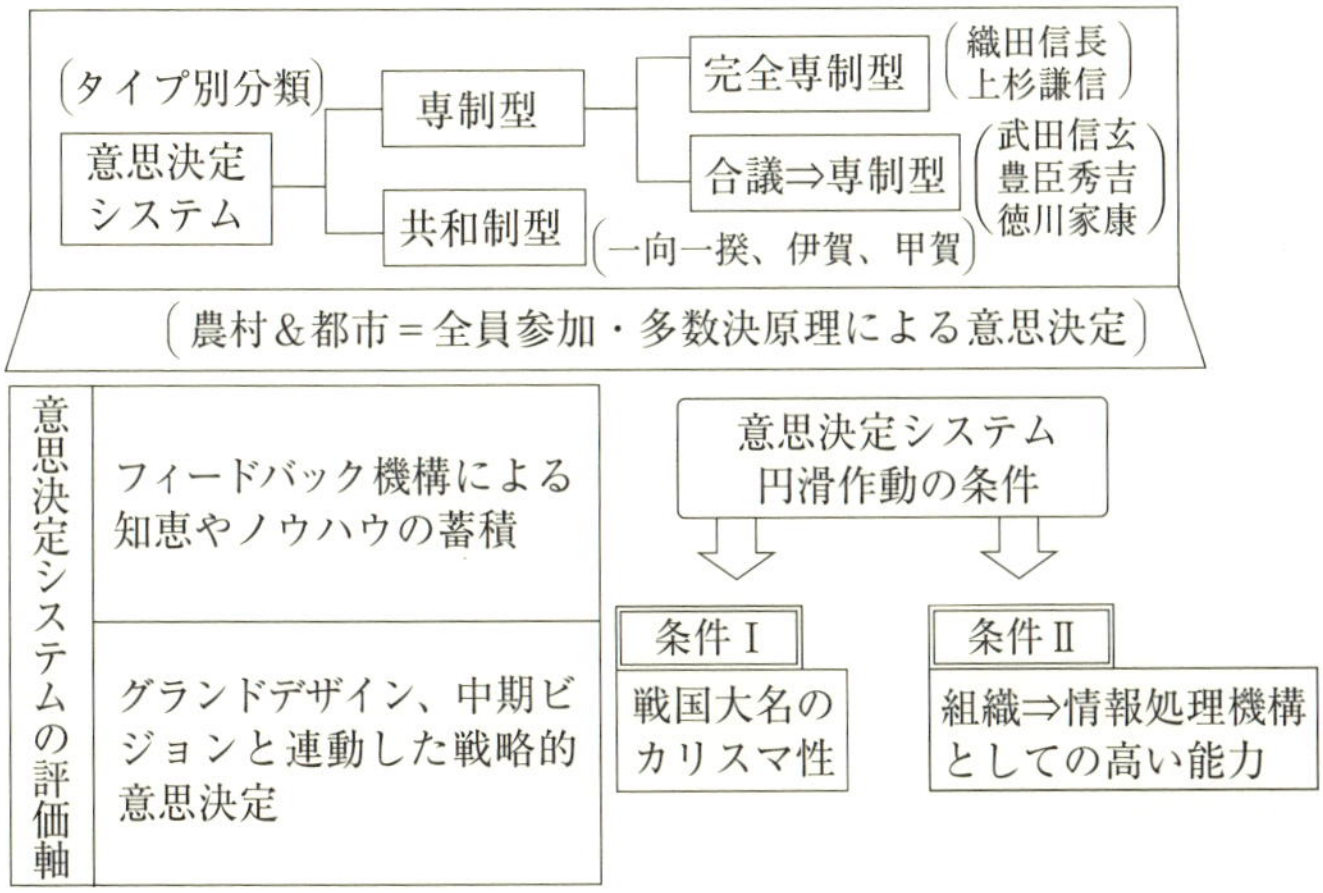

たとしても、専制君主であるがゆえに、どうしてもPDCAのC（チェック）が一人よがりとなって甘くなり、知恵やノウハウの継続的レベルアップという点では決定的な限界がある」

さらに視野を広げると、意思決定システムが円滑に作動できるかどうかは、戦国大名のカリスマ性と組織の質にも左右される。円滑作動可能な組織の質とは、敵地や最前線のメンバーから情報を収集し、的確かつ迅速に組織全体で情報処理できることである。現代の企業経営において、組織が情報処理機構として高い能力を有している必要があるように、一六世紀の戦国大名の組織においても、この能力は必要とされていた。

以上、戦国の意思決定システムのタイプ・評価軸・作動条件をまとめると、図15のようになる。

ここで切り口を変えて、筆者が独自につくりあげた情報ネットワーク&意思決定システムとアメリカの経営学者ハーバート・サイモンの「意思決定理論」における意思決定プロセスの類似性について説明し、それを踏まえて、サイモンの理論で戦国大名の意思決定プロセスを考察する。それによって、戦国大名の意思決定における時代を越えた普遍的性格を現代の経営理論の視点から抽出したい。

サイモンは、現代の経営者の意思決定プロセスを次のように規定する。

［情報収集］⇩［代替案の探索］⇩［代替案の評価］⇩［代替案の選択］⇩［代替案の実施］⇩［フィードバック］

両者の類似性の第一は、筆者の独自システムにおける［現状分析］から［意思決定］に至るプロセスの中間に、［代替案の探索］［代替案の評価］が位置付けられ、［意思決定］が［代替案の選択］、［アクション］が［代替案の実施］に対応していることである。第二は、筆者の独自システムも、サイモンの意思決定プロセスも、［情報収集］を第一ステップとし、最終ステップで［フィードバック］機構を設定していることである。

こうした類似性を踏まえるならば、サイモンの理論でも、比較的容易に戦国大名の意思決定プロセスを説明できる。彼の理論でとくに着目すべき点は、どこにあるだろうか。それは、情報収集には限られた時間しかなく、すべての代替案を想起できるわけではないし、代替案の結果を正しく予測できないため、限られた状況においてしか合理的決定はできないという「限定合理性」の主張である。それゆえ経営者は、限定合理性のもとでのある水準で満足できるような意思決定をする、としている。

目を転じて戦国大名の意思決定にフォーカスすると、集められる情報はさらに限られており、時間的にも制約されるなかで、意思決定せざるをえなかった。つまり、サイモンの理論で言い換えると、収集される情報がきわめて少なく限られた時間しかないという過酷な限定合理性のなかで、戦国大名は意思決定していたのである。また、第6章の「もしも」の事例②は、サイモンの理論では、実際の歴史において採用されなかった代替案のシミュレーションと言い換えられる。

もちろん、戦国大名に比較して現代の経営者のほうが格段に多くの情報収集力を有している し、ITの発達により膨大なデータを検索して代替案のシミュレーションができる。だが、それはあくまで経営者に十分な時間的余裕があることが前提となる。実際には、情報収集も代替案の検討も時間的に制約されており、意思決定においては限定合理性という制約下にいる。

こうしてサイモンの意思決定理論からは、戦国大名も現代の経営者も、あらゆる情報を収集しすべての代替案を検討したうえで、最適でベストな意思決定はできず、程度の差はあるにしても、ともに限定合理性のもとでの意思決定しかできないことが明らかになった。したがって、戦国大名の意思決定の普遍的性格は、限定合理性に制約されていることに見いだすべきだと言えるだろう。

時代が隔たっているにもかかわらず、両者の意思決定に見られる共通性は、次の点を示唆している。

「限られた時間、限られた合理性のもとで、いかに俊敏に的確な意思決定ができるかどうかは、一六世紀の戦国大名にとって難しいテーマであったように、二一世紀の経営者においても同様である。さらには、遠い未来を生きる組織の最高責任者においても、限定合理性に制約された意思決定という意味では変わらず難しいテーマであり続ける」

このように、限定合理性のもとで、いかに迅速かつ的確に意思決定をなしうるかは、人類の歴史を貫通する普遍的テーマであると言えるだろう。

情報交換の広場としての市場の成立

室町時代に至り、社会的分業の進展とともに定期市が本格的に全国各地で開かれていく。戦国時代には、商人・職人が都市の発達とともに定住し、市場経済が成立した。情報システムという分析視角から市場を捉えると、図16のように多様な役割がある。

まず、市場は商品の需給を価格情報で調節する情報処理機構であると言える。そして、商品や価格情報にしぼるのではなく、より広く情報伝達の場として捉えると、さまざまな職業の人びとが行き交い集まることで賑わう市場は、情報交換の広場であるとも言える。ルイス・フロイスは、信長に会うために訪れた岐阜の街の賑わいを次のように記している。

「私たちは岐阜の市《まち》に至りましたが、人々が語るところによれば、八〇〇〇ないし一万の人口

図16　情報システムとしての市場の役割

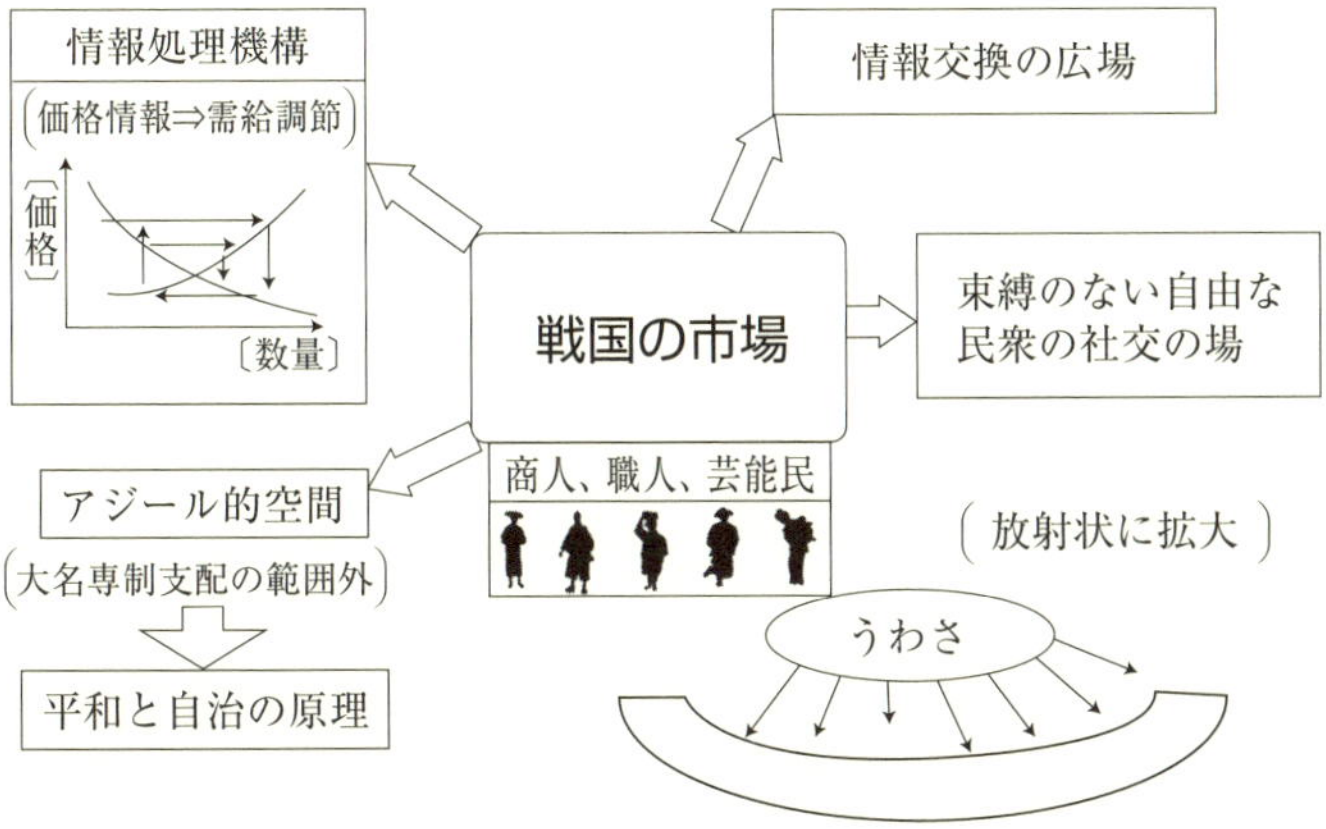

を数えるとのことでした。……同所では取引や用務で往来する人々がおびただしく、バビロンの混雑を思わせるほどで、塩を積んだ多くの馬や反物その他の品物を携えた商人たちが諸国から集まっていました。このような有様で、営業や雑踏のために家の中では誰も自分の声が聞こえぬほどであり、昼夜、ある者は賭博し、飲食し、あるいは売買し、または荷造りをして、たえずやむ時がありませんでした[1]」

この描写から、戦国の市場が情報交換の広場でもあったことを実感していただけるだろう。

また、ここで忘れてはならないことは、市場が戦国大名による専制支配の領域の範囲外に位置し、平和と自治の原理に貫かれた公界として、諸国を遍歴する商人、職人、芸能民が創りだす世俗と縁の切れた空間に成立していたことである。このようにアジール的性格を持った市場は、そこに集まる民衆の目線で見れば、束縛のない自由な民衆が異なる職業や立場から、にぎやかに会話する社交の場であったとも言える。

その結果、市場では多くの人びとが発するさまざまな情報が飛び交い、伝達される情報量は急拡大する。そして市場における情報伝達は、一対一で単線的に伝わるのでなく、一対nが数多く連鎖して、放射状に伝わっていく。とくに戦国のマスメディアであるうわさは、市場によって伝達スピードに拍車がかかり、一気に多方面に広がる。

このように情報交換の広場としての市場が戦国の情報ネットワークに組み込まれることで、戦国大名や民衆の情報ネットワークシステム間での情報のやりとりとは別に、民衆の口伝えがうわさとなる不定形な情報伝達のネットワークが、さらに威力を発揮する。

戦国の市場の歴史的評価

次に視点を変えて、社会システムとの関係で戦国時代の市場を歴史的に評価しておきたい。

一六世紀の段階における市場経済は、あくまで戦国の社会システムに埋め込まれていたのであり、社会システムが市場経済に埋め込まれていたわけではない。

ところが、二一世紀の現代では、両者の関係は逆転する。なぜなら、二〇世紀末から今世紀初頭に至るまで市場原理主義がアメリカや日本の社会を席巻し、あたかも「市場経済が社会システムを包摂すべきである」かのような行き過ぎた主張が、ケインズ政策の限界を打開する政策として政府に採り入れられたからである。その結果、経済人類学の先駆者であるカール・ポランニーが『大転換』で分析したように、市場経済が社会システムに埋め込まれるのではなく、社会システムさらにはすべての社会的諸関係が市場経済に埋め込まれることになった。

この方向を推し進める市場原理主義者は、「世界を市場経済で覆い尽くし、規制をなくせば、社会システムの効率性も安定性も達成される」とした。だが、その主張とは裏腹にバブルは放置され、もともと自動調整機構であるはずの市場が逆に世界経済の不安定性を増幅させていく。このように行き過ぎた市場経済万能論を主張する市場原理主義は、二〇〇〇年代後半のサブプライムローン問題に端を発したバブル崩壊の経験から、完全な誤りであることが証明されつつある。

こうした最新の経験を踏まえて、戦国の社会システムにおける市場経済を現代の市場原理主義との対比で考察するならば、市場経済のカバー範囲はいまだ部分的であり、労働や土地は全面的に商品化されていなかった。したがって、むしろ市場経済のプラス面に着目し、市場経済の成立・拡大を積極的に評価すべきである、と判断してさしつかえないだろう。

繰り返しになるが、戦国の市場のプラス面は、市場が情報処理機構であるとともに情報交換の広場であり、そして何よりも平和と自治の原理が貫かれた公界として世俗と縁の切れた空間を形成し、束縛のない民衆の社交の場を成立させていたことである。

仮に、こうしたオープンな市場に、古代の人びとが接したと想定してみよう。定期市さえなく、一つの集団に一元的に帰属し、一つの土地に生涯束縛される閉じられた空間で生きる人びとの目には、市場は想像もつかないほどに開かれた自由で平等な空間として、まぶしく光輝いて見えたのではないだろうか。

このようなポジティブな特性を持つ戦国の市場は、その後の展開しだいでは、新たな近代的市民を誕生させる孵化器の役割をも担う可能性を秘めていた。ゆえに、戦国時代の市場は歴史的にも高く評価すべきと言えるだろう。

全体の情報ネットワークシステム構成図

民衆および戦国大名のネットワークシステムは、主に水平型と垂直型の二通りで連結されている。一方では、村や都市の内部に濃密に張りめぐらされる民衆の情報ネットワークシステムを基礎単位に、それらが対等の関係で水平に連結された加賀や伊賀、甲賀といった民衆連合の広域情報ネットワークが形成されていった。他方で、戦国大名の情報ネットワークシステムが、領国内の多くの民衆の情報ネットワークシステムを下位システムとし、国人のシステムを介して統合することで、垂直型に二階層で組織化していったのである。

ここで水平型と垂直型の情報ネットワークシステムに関し、システム理論に基づき両者の違いを比較考察することで、それぞれの特性を明確にしておきたい。

システム理論では、構成要素間とサブシステム間の働きかけ合いをインタラクションと呼んで

図17　システム理論による情報ネットワークシステム比較

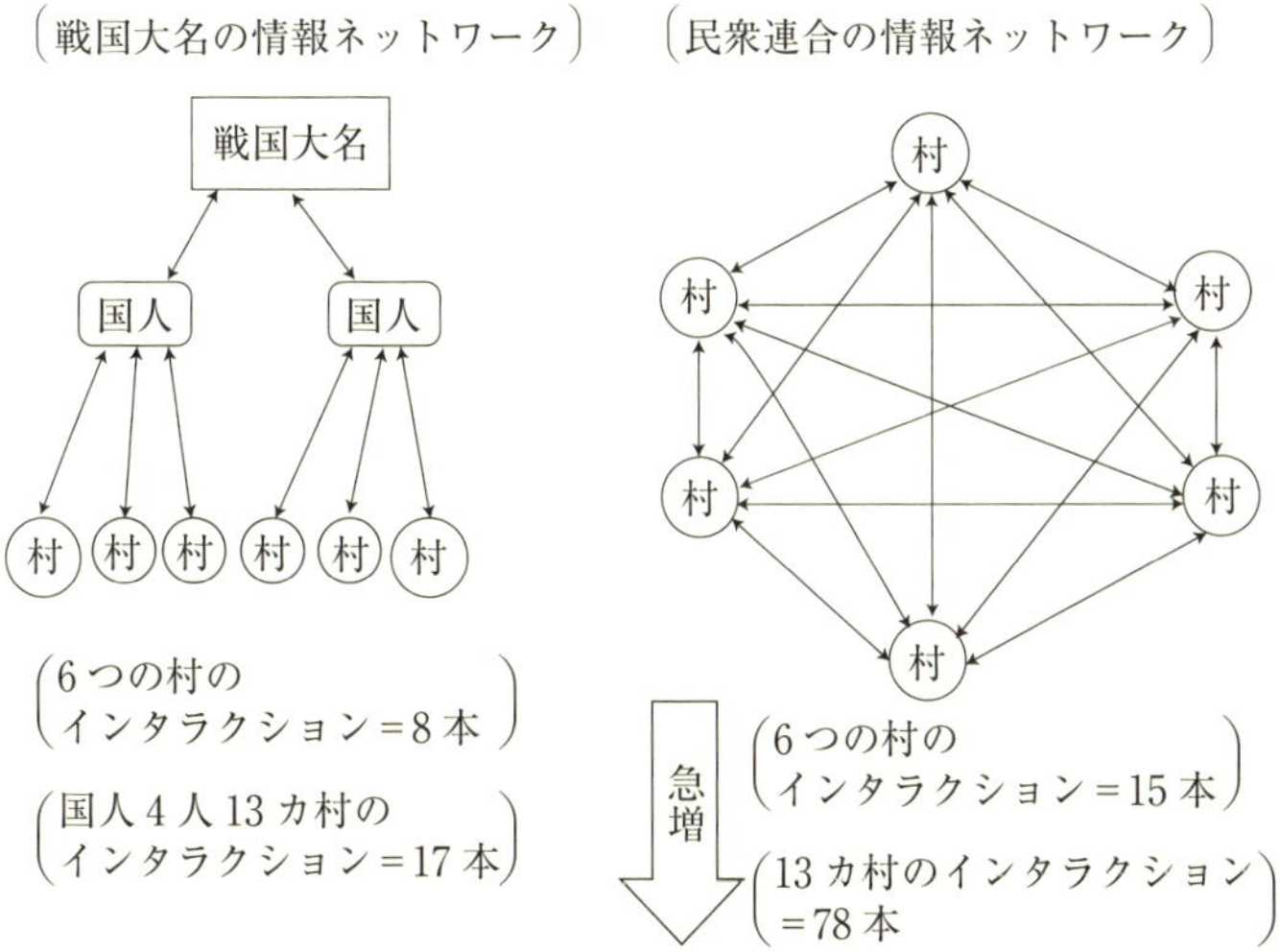

いる。そこでは、当然ながら情報の相互伝達が必須条件となる。このインタラクションを介在させて、水平に連結された民衆連合の情報ネットワークシステムと垂直に連結された戦国大名の情報ネットワークを図示した例が図17である。

　図17では、六つの民衆の村のシステムを構成要素としている。ここで着目すべきは、インタラクションの数の差である。戦国大名の情報ネットワークシステムは八本から成立しており、民衆連合の場合はそれより多く一五本から成立している。ところが、構成要素である民衆の村が一三カ村となり、国人が四人に増えたとすると、戦国大名のインタラクションは一七本となるが、民衆連合の場合は実に七八本に急増するのである。

　もちろん、村落間の距離の制約から、一三カ村すべてがお互いに一律のインタラクションを成立させるとは言えない。とはいえ、システム理論からは、民衆連合の情報ネットワークシステムのほうが情報の相互伝達がはるかに頻繁になされ、濃密な交流が成立するという仮説を、導き出すことができる。

ここで現代の情報ネットワークを射程において、図17の二つの情報ネットワークを改めて比較すると、戦国大名の情報ネットワークが、知の司令塔から一対nで情報発信されるマスメディアに近似していることがわかる。そして、民衆連合の情報ネットワークが、n対nの双方向で情報発信されるインターネットにきわめて近似していることに驚かされる。

インターネットは、すべての顔の見える個人をベースに、個人が情報発信者となる。情報発信の単位を村とおきかえると、民衆連合の情報ネットワークはインターネット的特性を有していると言いきってさしつかえないだろう。しかも、中心なき自律分散型情報ネットワークという点でも、インターネットと同じ特性を持つ。

ただし、情報ネットワークの規模については、加賀や伊賀といった広域にわたる一国単位も存在したが、山の共同利用や地域防衛を目的に太いパイプで緊密に結ばれた数カ村からなる小規模な村落連合が大半である。したがって、カバーする範囲は、地球全体を網羅するインターネットには遠く及ばない。しかし、小規模とはいえ、一六世紀の日本においてインターネットに近似した双方向の情報ネットワークが生成されていたことは、画期的だったと評価できるのではないだろうか。

図18　戦国社会の情報ネットワークシステム全体図

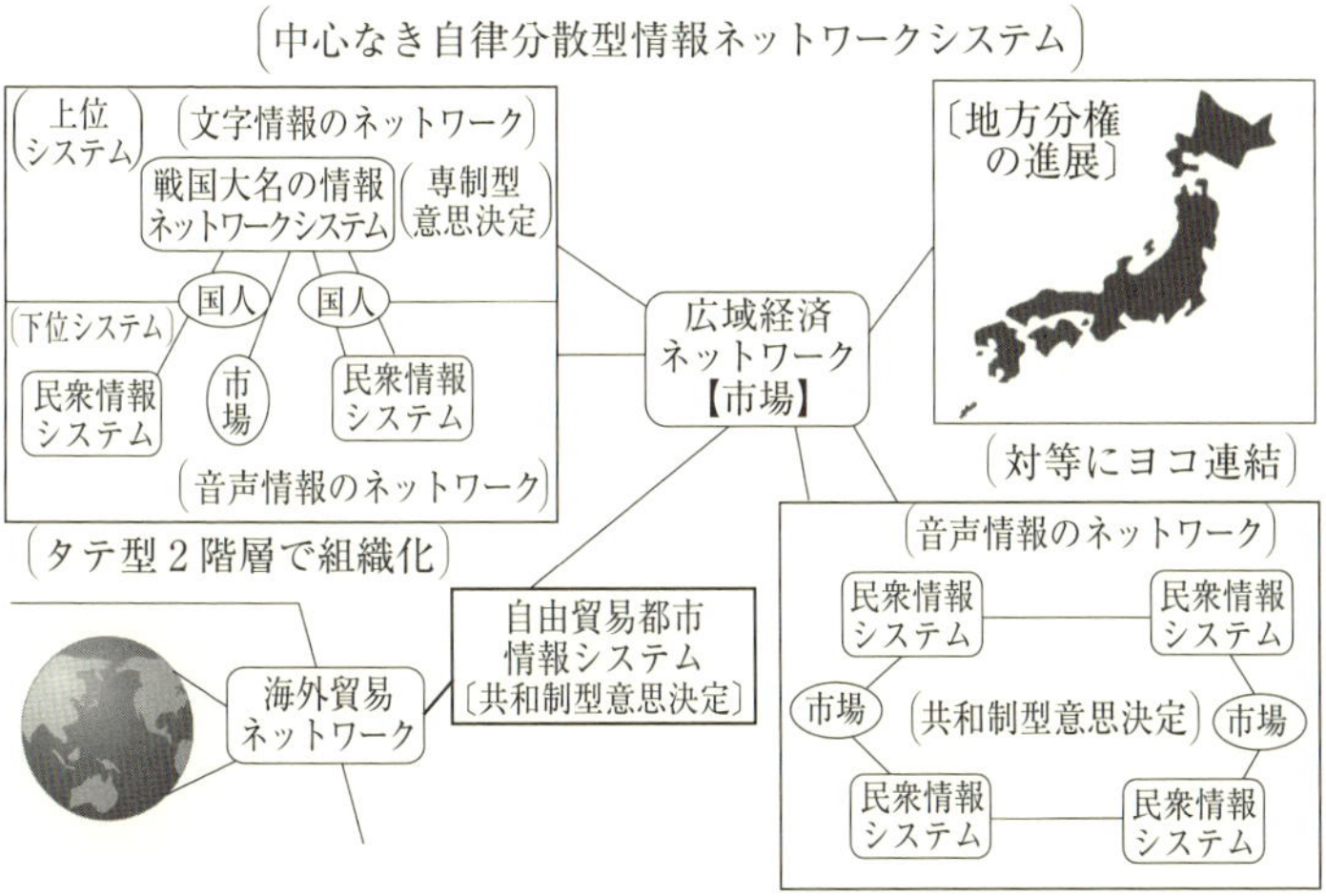

以上の分析を踏まえて、システムの構成要素やサブシステムがインタラクションにより連結される戦国の情報ネットワークシステム全体を大胆に図式化するならば、図18のようになる。新興支配階級である戦国大名を頂点に武士や僧侶が活用する文字社会のネットワークシステムと、民衆が活用する音声や口伝えが中心の無文字社会のネットワークシステムが同時代に並存している。そして、それらがタテ・ヨコに複合化して連結され、さまざまなバリエーションを生みだし、個性的な情報ネットワークシステムが形成されていった。

また、社会システムとの関係で表現するならば、戦国の社会が分裂した分権型社会システムだったことに照応して、自律分散型情報ネットワークシステムが日本列島各地域に並存していたと言える。

戦国の情報ネットワークシステムは、各サブシステムの間をつなげるネットワークのパイプが市場機構の成立により複雑に絡まり合いながらしだいに太くなっていったが、口伝えやうわさという形態をメインに伝達されており、中心も中央の司令塔もない特性を有していたのである。

明と戦国の日本——社会システムと情報ネットワークシステムの比較

次に、戦国の社会システム・情報ネットワークシステムの全体像を世界史的視野で位置付け、その基本特性を歴史的・空間的広がりのなかで立体的に明らかにしていこう。ここでは、中国の明(一三六八～一六四四年)の社会システムや情報ネットワークシステムと対比して考察していきたい。

一六世紀の同時代における中国の社会システムは、皇帝を頂点に、皇帝配下の官僚機構と直属の軍隊が中央集権型のピラミッド組織を編成することで、成立していた。皇帝は、巨大な行政・軍事双方の権力を一身に集中させた独裁体制の頂点に立つ専制君主である。情報ネットワークシステムもこれに照応して、タテ型に固定された情報伝達経路を主軸に、中央集中型の指令―報告システムとして構築されていた。

こうした中国の中央集権型社会システムや中央集中型情報ネットワークシステムは、日本列島における戦国の分裂した地方分権型社会システムや中心なき自律分散型の情報ネットワークシステムの対極に位置付けられると言えるだろう。以下では両者の違いを鮮明にするために、それぞれの優劣を比較検討していきたい。

（1）中国における中央集権型社会システムと中央集中型情報ネットワークの特性

表面的には、社会システムは中央集権型官僚国家、情報ネットワークシステムは中央集中型のほうが、まとまりがよく整合性もとれているから、効率的で優れているように見える。たしかに、責任と権限を階層化し、分業により職務を細かく分割して、パターン化された定型的な仕事をこなすうえでは、高いパフォーマンスを発揮できる。しかも、国家の行政を担う高級官僚は、すでに開かれた国家試験である科挙によって優秀な人間が選ばれており、そのかぎりでは能力主義が貫徹していた。ただし、それはあくまで、組織や外部環境が変化しないという前提のもとでの効率性・優秀性である。

実際の歴史においては、王朝成立以降、時間の経過とともに、中央集権型官僚機構が肥大化し、皇帝のなみはずれた奢侈的消費が国家財政を悪化させ、その打開策としての租税のアップが農業を疲弊させ、経済の悪化をもたらす。これに対して、皇帝も官僚も根本的解決策を何ら具体化できなかった。一方で、製鉄・紡織・印刷・陶磁器・造船などの技術が進歩し、明の初期に大きく発展する。しかし、鎖国令に拘束され、海外にまたがる経済ネットワークを築くまでには至らず、経済の悪化に連動して、技術革新も諸工業の発展も継続できなかった。

皇帝の指令で動く直属の軍隊は、表面上は迅速かつ的確に対処するように見える。しかし、「まともな人間は軍人にならぬ」と言われるほど軍人が卑賎視されていたため、戦士共同体としてのつながりも忠誠心も弱く、指令―報告の情報ネットワークが円滑に機能せず、組織化された強い軍隊とは言えなかった。しかも、中央集権組織だったため、モンゴルや満州からの遊牧民族の侵攻、あるいは日本の倭寇《わこう》や日本軍の朝鮮侵攻といった他民族との戦いにおいて、スピーディーに対処できなかったのである。

明王朝はこうして、長期間にわたって政権こそ継続したものの、民衆が流民化し、反乱が広がると、短期間に脆くも崩壊した。中国の王朝は、明だけでなく、隋も唐も清も、類似の経過をたどって崩壊していく。

このように中央集権型社会システムとそれに照応したタテの指令―報告による中央集中型情報ネットワークシステムは、タイトであるがゆえに、自ら生みだす経済環境の急速な悪化に柔軟に対応できず、きわめて脆弱な体質をかかえていたと言える。タイトに固定されたシステムの鋳型にはめこもうとすればするほど、官僚制組織としての完成度は格段に高まるが、官僚の知的好奇心は薄れ、総合的な判断能力を失い、組織としてのイノベーション能力は圧殺される。中国が近代化に遅れた一つの大きな要因は、ここにあるのかもしれない。

(2) 日本における地方分権型社会システムと自律分散型情報ネットワークの特性

これに対して、分裂した地方分権型社会システム、中心なき自律分散型情報ネットワークシステムにより成立していた戦国の社会は、表面上は統一なきバラバラな、パフォーマンスの悪い社会だったように見える。

しかし、独自性をもって地方に割拠する社会システムが、自律分散型情報ネットワークを構築し、経済面ではゆるやかに結合しているため、応仁の乱を経て旧体制が崩壊するという環境の激しい変化にも、迅速かつ柔軟に適応できた。むしろ多様性をさらに深めながら、激変を乗り越え、急速な経済発展を実現したのである。

こうした柔構造の社会システムと自律性のある情報ネットワークシステムが、戦国大名から民衆まで多くの人びとのイノベーション能力を喚起した。この能力の向上がフィードバックして、社会システムと情報ネットワークシステムの変化への適応力を一層高めていく。

全体としてまとまりがなく、ルーズでフレキシブルな社会システムと情報ネットワークシステムであったがゆえに、かえって主体性が発揮される余地があったと言えるだろう。人びとの主体性とシステムの相互作用により相乗効果が生みだされ、社会を変革し発展させようとする巨大なパワーが、生成されていったのである。

（3）分権型社会システムと自律分散型情報ネットワークが常に優位か？

このように一六世紀の中国と日本を対比すると、中央集権型社会システムよりも分権型社会システムのほう経済成長を軸とした社会のダイナミックな発展において明らかに優位に立っているように思える。同様に、指令―報告による中央集中型情報ネットワークシステムよりも自律分散型情報ネットワークシステムのほうが、外部環境の変化に対する柔軟な適応力において優位に立っているように見える。

では、分権と自律分散型システムはいつの時代にも優位に立つと言えるのだろうか。歴史をこの切り口からたどっていくと、そこまで図式化できないことがわかってくる。中央集権型社会システムとそれに照応したタテ軸の指令―報告による中央集中型情報ネットワークシステムは、重化学工業化を推し進める急速な経済成長の実現にはきわめて適合していた。

とはいえ、二一世紀に生きるわれわれにとっては、戦国の社会システムや情報ネットワークシステムのほうが違和感なく捉えられ、親近感をもつ。その理由は、社会と情報の二つのシステムが根本において、現代日本と類似した特性をもつことに起因しているからかもしれない。

（4）単一中心社会の中国VS多数中心社会の日本

以上の比較分析を通じての率直な感想は、同じ東アジアの国にもかかわらず、中国と日本が、あらゆる点であまりに異なっていることに関する驚きである。日本は中国から取捨選択したとはいえ多くを学んできたはずなのに、なぜ、あらゆる点で異なった社会になったのだろうか。

長年にわたり中国社会を研究し、東洋的専制主義論を構築した社会学者にして歴史学者であるカール・ウィットフォーゲルは、中国が治水灌漑型農業であることから、大規模に労働力を統制して利水施設を管理する水力社会であり、そのために専制官僚制を必要とした、と主張した。その結果、中国は権力が皇帝一人に集中し、皇帝専制を科挙で選ばれた官僚が支える「単一中心社会」となり、王朝が変わってもその基本特性が一貫して歴史を規定し続けた、としている。

これに対して日本の社会は、中国とはまったく異なる歴史を歩んできた。八世紀には中国に学んで律令国家をスタートさせたが、荘園の成立と拡大を経て鎌倉時代に至ると、鎌倉幕府が、西ヨーロッパ中世の封建制とよく似た一種の契約関係とも言える御家人制度を成立させている。以後は、京都の公家政権と鎌倉の武家政権が並立する。その後、室町幕府は京都を拠点としたが、応仁の乱以降は再三述べてきたように全国各地に戦国大名が台頭して勢力を拡大し、複数の地方政権が成立する。

こうした歴史から容易に推察できるように、日本の社会は、「単一中心社会」である中国と対照的に、ウィットフォーゲルの言う「多数中心社会」なのである。それは、独立した多くの都市国家が成立した西ヨーロッパ社会の性格に似ている。また日本は、政治的権力を掌握する武家政権と伝統的祭祀を司る最高権威者としての天皇が並存していたことから、権力と権威を一元的に皇帝一人が掌握しようとした中国と決定的に異なっていた。この面でも、皇帝権力と教皇権力が対立し、社会が楕円のように二つの中心をもつ西ヨーロッパに近似している。日本と西ヨーロッパは多数中心社会だったのである。ウィットフォーゲルも、以下のように日本の社会を分析していた。

「中国文化の多くの要素にもかかわらず、日本の中世の地方分権的で、財産所有に依拠した社会は、近い中国の水力パターンよりも、遠いヨーロッパ世界の封建秩序にだんだんと似ていった(2)」

「ヨーロッパと日本の封建文明の相似性は明白である。いずれの場合にも、君主とならび、その下に多数の諸侯がいて、彼らは限定された条件付きの奉仕をし、官僚国家機構のメンバーではなかった(3)」

こうしたウィットフォーゲルの「中国＝水社会論」から導き出される比較社会論は、梅棹忠夫氏の生態学の遷移（サクセッション）理論を応用した『文明の生態史観』の分析方法に重なっている。梅棹氏は同書において、封建制から近代化が進展した日本や西ヨーロッパといった第一地域と、古代帝国から専制中央集権国家となった中国・ロシアなどのユーラシア大陸の胴体部にあたる第二地域に類型化している。そして、第一地域と第二地域は社会の構造が根本的に違うため、それぞれの歴史もまったく異なる展開となっていく、としているのである。

このように、一六世紀の日本と中国は、社会システムにおいても、情報ネットワークにおいても、さらには経済システムにおいても、まったく異なる特性をもつに至った。そして韓国やベトナムも、官僚制国家として中国と同じ特性をもつ社会システムと情報ネットワークを志向していた。東アジアの各国と比較すると、日本の戦国の社会は異質な独自の社会システムと情報ネットワークを成立させていたと言える。一方で、ユーラシア大陸の西端まで視野を広げるならば、極東に位置する日本の戦国の社会は、はるかに離れたイタリアやドイツの多数中心の社会システムと情報ネットワークに近似していた。

社会システム・情報ネットワークと文化の関係

再び分析対象を一六世紀の日本に戻し、戦国の社会システム・情報ネットワークと文化の関係を考察してみたい。ただし、文化そのものを本格的に論じるわけではなく、あくまで社会システムと情報ネットワークとの関係に限定する。そもそも、文化を「人間の生活様式の全体であり、地域の社会集団の相互交流によって発展してきたもの」と定義するならば、文化と社会システム、文化と情報ネットワークは密接に関係しており、相即的な関係にある。

日本の戦国時代の文化特性をひとことで表現するならば、新興の戦国大名の文化と、たくましく自律し成長する民衆の文化が、お互いに影響し合いながらダイナミックに創造されていった、と言うことができる。

文化の一方の旗手である戦国大名は、過去の因習や伝統にとらわれず、豪放磊落な精神で力強い文化を創造した。その象徴が、戦国大名によって築かれた全国各地の城であろう。とくに戦国後期には、信長自ら設計した安土城〔滋賀県近江八幡市〕をはじめ、個性的で芸術的に優れた多階層の天守閣が各地に建設された。そして、天守閣が完成すると、彼らは天守閣の最上階から領国を睥睨《へいげい》することで、支配者としての自らのパワーを誇示したのである。

他方で民衆の文化が、狭い範囲に限られた伝統文化の閉塞状況を打ち破って花開いた。その象徴的存在が、出雲阿国《いずものおくに》が始め、当時大流行した歌舞伎踊りである。また、村祭り、能楽、狂言、田楽、茶の湯といった、民衆が集団で楽しむ文化が急速に広がる。山崎正和氏が言われるように、「文化活動が社交に根ざして」戦国の民衆の間に浸透したのである。(4) さらに、掛け軸を住居の床の間にかけて鑑賞することで日本画の民衆への普及の可能性が生みだされ、同じく床の間で花瓶に花を生ける華道が成立し、後に民衆芸術として日常生活に定着した。

このように、歴史上かつてない主体性をもった民衆文化が広く成立したのである。それは、数多くの民衆の旺盛な好奇心に基づく合理性と自律した社会生活の積み重ねにより全体として知的向上がもたらされ、大きなうねりとなって新たな生活様式が創造されていくというプラスの因果連鎖によって生みだされたと言えるだろう。

その土台の上で、社会システムは分権型、情報ネットワークはインタラクションが多くヨコのパイプが太い自律分散型という特性がうまくかみ合い、相乗効果をもたらすように作用した。

加えて、戦国の社会システムは階層間の移動が頻繁で流動化していたこともあり、茶の湯や能楽のように、下からの民衆文化の広がりが戦国大名に伝搬し、芸術として完成するという流れもあった。戦国大名の文化と民衆の文化との間に大きな隔たりはなく、相互に密接に影響し合っていたと言える。

たとえば、若き日の信長は踊りを興行し、五つの農村の年寄りたちと踊りを見せ合うことで親しく交流し、年寄りたちに「お茶を飲まれよ」と勧め、彼らを感動させるシーンが、『信長公記』に記録されている。(5) 天下人となった晩年の秀吉も、文化面では民衆との間に障壁を設けなかった。秀吉は、もともと民衆が集まる北野〔京都市〕において大規模な茶会を企画し、農民や商人に「茶なきものは、こがし（焼き塩を加えた煎り米を入れた湯）にても苦しからず」と幅広く参加を呼びかけたという。(6)

一方、全国に割拠する他の戦国大名の文化への関わり方を見ると、一律ではない。それぞれの個性が際立っている。有名な詩『馬上少年過ぐ』をつくった伊達政宗や、日本画を見るような漢詩『霜は軍営に満ちて秋気清し』を書いた上杉謙信など、教養豊かな戦国大名も多い。

なかでも、古典的教養については武田信玄が抜きんでている。信玄は一〇代から漢詩をつくり、和歌の会を催し、優れた絵画を描いた。絵画の対象は広く、戦争に役立てるためにも描いている。実際、戦場において敵の城を何枚もスケッチし、城攻めに役立てた（信玄の画家としての才能を感じさせるそれらの絵は、現在も躑躅《つつじ》ヶ崎館の跡地にある武田神社の宝物殿で鑑賞できる）。

さらに、禅の名僧たちから中国の古典を広く学んだ。そのひとつが孫子である。孫子の兵法を吸収し、『風林火山』の旗を掲げ、戦争に適用した。

このように信玄は群を抜く文化人だったが、その文化は伝統の枠内にとどまっている。これに対して、文化面においても対照的なのが信長だ。信長は古典的教養や伝統的文化には無縁だったが、新しい文化の台頭をリードし、貪欲に、かつ偏見なしに、自らのものにしていく。たとえば、民衆の踊りに親しみ、キリスト教宣教師から最新の世界情勢を意欲的に習得した。南蛮服を着こなす、洗練された抜群のファッションセンスもあった。

一方で、一六世紀に完成した茶道を広め、茶会を通じて新しい濃密なコミュニケーション空間を創造していく。そして、軍功を立てた武将に名物の茶道具を与え、茶の湯を許可制にして、ステイタスシンボルにした(7)。これは、信長が茶道という新たな文化を政治的に利用し、部下の武将たちの序列をつくりだそうとしていたことを意味している。茶道を政治的に利用して、専制支配を盤石にしようとする間違った権威主義に陥っていたことも、見落としてはならないだろう。

他方で信長は、辻邦夫が『安土往還記』で色彩豊かに美しく描写したように、新たな文化のクリエーターでもあった。安土城を自ら設計したほか、京都の騎馬パレードにおいて民衆用の桟敷も設け、二〇万人を越える観衆を集めるなど、伝統的文化の束縛を一切受けずに、民衆に開かれた華麗な美の世界を創造したのである。

戦国時代も後半になると、南蛮文化の影響を受けたキリシタン大名が台頭したこともあり、多くの戦国大名が旧来の伝統文化の枠組みにとらわれず、民衆文化との隔たりを超えて新たな文化を創りだしていく。とくに、南蛮文化が音楽の分野で民衆に深く浸透した(8)。

文化の空間的な広がりという面では、水平の情報ネットワークが濃密に張りめぐらされたことで、蔵書量を誇る図書館を持つ大学とも言うべき足利学校が多くの生徒を集める。中国地方の大内氏は、仏教や儒教の書籍を独自に出版した。こうした地方における文化財の蓄積や新しい地方文化の創造にも、目配りしておく必要があろう。

このように、戦国の日本では、戦国大名の文化と民衆文化のネットワークが重なり合うことで、相互に影響し合いながら新しい文化が創造されて急速に伝播し、各地で多様に開花した。文化の次元でも地方分権化が進展したのである。

補足リサーチ8

システム理論による情報ネットワークシステムの説明

本章ではシステム理論に基づき、戦国大名と民衆連合の情報ネットワークワークシステムを比較考察した。その結果、戦国時代の情報ネットワークシステムの基本単位である村の数が増えれば増えるほど、民衆連合のほうがインタラクションの数が急増し、濃密な交流が可能になるという仮説が導きだされた。この仮説を史実に適用すると、どうなるのか。二つの事例から検証したい。

武田勝頼の情報ネットワークシステム

まず、武田勝頼のケース。勝頼の父である信玄は、甲斐を拠点に信濃、西上野、駿河を領国とし、死の直前の三方ヶ原の戦いに勝利するころには、飛騨、越中、遠江、三河の一部にまで版図を拡大した。その過程で、武田二四将を中核に拡大する領国内の国人領主を掌握し、戦争を通じて国人領主の配下にある地侍や農民兵をカリスマ支配していく。こうして、戦国大名の二層支配の脆弱性を補強した。

一方、カリスマ性のない勝頼は、信玄に心服していた国人領主たちを完全には掌握できなかったので、戦争の勝利によって求心力を高めようとした。信玄にもできなかった高天神城《たかてんじん》［静岡県掛川市］を攻略したまではよかったが、強気の攻勢戦略が裏目にでて、信玄が死んで二年後の一五七五年（天正三年）の長篠の戦いに大敗する。しかも、歴戦の武将を次々と失い、一万人以上の死傷者をだしてしまう。

その後の勝頼は武田軍の再建に努力し、上杉氏との甲越同盟など外交政策を転換して、領国維持に努力した。しかし、一五八一年（天正九年）に高天神城が徳川軍によって攻略された際に救援できなかったために、国人領主たちからの威信を失い、守勢に立たされる。以後は、継続する戦争に加え、織田・徳川連合軍に対する防備のために新府城［山梨県韮崎《にらさき》市］の築城を決定したことから税金や賦役が重くなり、国人領主やその支配下にある地侍や農民の不満がつのって、離反の可能性が高まった。

その結果、一五八二年（天正一〇年）二月に、信玄の娘婿である木曽義昌が織田信長に寝返る。それを契機に、一門衆を含む国人領主たちはドミノ倒しのように逃亡・離反した。唯一徹底抗戦したのは、勝頼の弟・仁科盛信《にしなもりのぶ》が籠城する高遠城［長野県高遠市］だけだ。一族の穴山信君《のぶただ》にいたっては、事前に裏切って家康側につき、徳川軍を甲斐に引き入れる道案内役になったのである。

その後も勝頼は相次ぐ裏切りにあい、未完成の新府城に放火せざるをえず、甲斐郡内の譜代の国人領主だった小山田信茂を頼ろうとした。ところが、その信茂にも裏切られ、笹子峠を越えられずに、天目山《てんもくざん》［山梨県甲州市］で自害することになる。二月二日に木曽義昌討伐のために一万五〇〇〇人の大軍を率いて出陣したにもかかわらず、三月一一日に自害したときに従う者は、わずか四一人に激減していた。

このように武田軍が三八日という短期間で消滅した基本的な要因は、領国の統治システムが破綻寸前であり、経済システムとしても疲弊しきっていたことに求められる。それをシステム理論のタームで説明するならば、こう表現できる。

「カリスマ性を欠き、拙速に勝利を追求する勝頼の行動が、国人領主との間のインタラクションを劣化させた。国人領主と地侍、農民の間も、度重なる重税と賦役により、同様にインタラクションが劣化し、信頼関係が壊れつつあった。そのため、信頼関係に基づく双方向の情報ネットワークは各層でも各地でも切断され続け、きわめて短期間の領国の全面崩壊につながる」

武田の国人で、勝頼自害後も領主として統治システムを維持できたのは、以前から織田―徳川に寝返っていた裏切り者である木曽義昌と穴山信君以外は、山深い上州岩櫃城を居城とする真田昌幸のみである。

かつて筆者は、信玄の躑躅ヶ崎館を訪ねたことがある。甲斐府中［甲府］は戦国時代に城下町として発展したため、鍛冶町や紺屋町などの職人町や商人町が形成され、館に近い位置に武将たちの屋敷が連なっていた。筆者は、バスを利用せずに甲府駅から躑躅ヶ崎館まで歩いてみた。ほぼ真直ぐに伸びたゆるやかな坂道に沿って武将たちの屋敷が位置していたことが、跡地の武将名の案内板により確認できる(こうした案内は戦国史を研究する者にとってたいへんありがたく、感謝している)。

武将たちの居住区の先はT字路になっており、正面に堀に囲まれた方形の躑躅ヶ崎館が見えてきた。館は典型的な守護館の規模と形状であったと推定できる。東西は山が迫っているが、筆者が歩いてきた南側は、広く開けていた。筆者はその地形から、北側に山城の要害城があったとはいえ、館そのものは攻めやすいという印象をもった。勝頼が国人領主と領民に負荷をかけてでも、新府城を築こうとしていた意図も理解できなくはない。

また、甲府のまちを歩いて実感したのは、駅前には軍配を持った等身大の信玄像があり、信玄のカリスマ性が二一世紀の現在においても、影響力を失っていないことだった。

視野を武田の領国全体に広げると、将兵の傷の治療や湯治を目的に設営された温泉として、「信玄の隠し湯」が一七カ所も確認できる。これに対して勝頼は、武田家滅亡の結果責任だけをとらされ、不当に低い評価しか受けていないようにも思える。

確かに勝頼は、領国の経済力を無視して、軍事に傾斜しすぎたかもしれない。だが、他方で、部下の国人領主たちに、相手の立場に立った、きめ細かい書状を多くだした。加えて、全国的にも有名な伊香保温泉[群馬県]は、長篠の戦いで負傷した将兵の治療のために、勝頼が真田昌幸に命じ、療養場所として開発・整備させたと伝えられている。

このように見てくると、勝頼は愚将とは言えない面を持っている。また、軍事に傾斜しすぎたという点では、信玄も大同小異である。信玄・勝頼親子の軍事への傾斜を武将たちの戦死率でみると、意外な事実が明るみに出てくる。

筆者は、絵画や浮世絵の題材となった武田二四将に限って、その死因を調べてみた。すると、二四将のうち実に一五名の戦死を確認できた。長男の義信側に立ったため自害した飯富虎昌《おぶとらまさ》、織田信長に処刑された二名を除くと、病死者は六名しかいない。戦死率は実に六三％に及んでいる。内訳をみると、当然ながら勝頼が主導した長篠の戦いの戦死者が最多で七名だが、意外にも信玄の主導した戦いでの戦死者も五名を数える。

これに対して、同じ孫子の兵法を学んだ毛利元就一八将の戦死者は、驚くべきことにゼロである。しかも、死因の内訳を調べると、元就に謀略を疑われて自刃した赤川元保、元就に謀殺された井上元兼の二名以外は、戦傷を負った者はいても一六名全員が病死している。もちろん元就も、信玄・勝頼と同じように、ときに不利な戦いを強いられている。東からは尼子の大群に攻められた。厳島の戦いでは、情報戦・謀略戦を駆使して、かろうじて五倍以上の陶晴賢の大軍に勝利している。にもかかわらず、戦死者はいない。

これは武田信玄が創りあげた軍事情報ネットワークより、毛利元就の軍事情報ネットワークのほうが、犠牲の少ないシステムとして機能していたことを示唆していると思える。逆に言えば、信玄の軍事情報ネットワークは、領国の拡大には寄与していたが、武将の損耗率の高いシステムだったのではないだろうか。

その結果、軍事に限らず情報ネットワークシステム全般において、カリスマ性のある信玄が死んで以降、高い損耗率のひずみが徐々に表面化し、しだいにインタラクションに齟齬をきたしていったと言えなくもない。そして、それが基本的な要因となり、勝頼の情報ネットワークシステムは軍団とともに、短期間に脆くも崩壊したのではないだろうか。

伊賀の情報ネットワークシステム

次に広域の民衆連合の典型的事例として、伊賀の情報ネットワークシステムを考察する。筆者が初めて伊賀の国を訪ねたのは二〇一四年である。

関西本線で奈良盆地から山また山を越え、ようやく開けた盆地に至ると、そこは約八里四方の小国・伊賀の国だった。上野城の天守閣から周囲を眺めると、想像していた以上に広い盆地が広がっている。盆地なので東西南北を山に囲まれており、天然の要害だったことが実感できる。この盆地内に三〇〇近い城が築かれ、第4章で述べたとおり、伊賀の各地から選出された一二人の評定人が多数決により運営する、共和制型国家が成立していた。そして、村の情報ネットワークを介した、軍事・経済・社会全般の掟の共有や情報の相互伝達が頻繁になされ、ヨコの連帯が強化されていった。

その強化が効果を発揮したのが、一五七九年(天正七年)の織田信長の次男・信雄による伊賀侵攻である(この戦いの経緯は第4章で述べた)。ここで強調したいのは、直ちに評定人全員の衆議一決で戦うことが決定され、二〜三倍の戦力を有する信雄軍に対し、忍者得意の山岳戦や夜襲を、間髪を入れずに一致団結して組織的に展開したことである。システム理論で捉えれば、こう表現できる。

「表面的には統制がとれないように見えるヨコ型の情報ネットワークシステムが、インタラクションの数が多いにもかかわらず、迅速な意思決定と一糸乱れぬヨコの連帯による組織的戦いを実現し、大勝利した」

一方で二回目の戦争は、信長が四万四〇〇〇人と七倍以上の圧倒的な兵力で六カ所から侵攻し、女性・子ども・老人といった非戦闘員も含めて無差別に大量虐殺したため、敗戦せざるをえなかった。ただし、生き残った忍者たちや他国へ逃亡した忍者たちが、自らの情報ネットワークシステムをしたたかに残していたことも見落としてはならない。彼らは、徳川家康はじめ一都八県の大名に分散して召し抱えられた。しかも、国を出るときには、神水を飲み交わし、仕える大名が違っても、情報交換して協力し合うことを誓い合ったことが、忍術伝書『正忍記』に、はっきりと書かれている。(9)

時代は下って元禄。有名な浅野内匠頭の刃傷事件の直後、大石内蔵助以下の家来たちが赤穂城［兵庫県赤穂市］に籠城するか否かを見通すために、岡山藩の伊賀忍者たちが城下に潜入し、情報収集活動を行った。忍者の頭である浅野瀬兵衛によって書かれたその活動報告の書状が、赤穂歴史博物館に展示されている。彼らはその際、姫路藩や龍野藩の伊賀忍者にも会ったと報告している。(10)『正忍記』の記述からも、彼らが何らかの情報交換をしていたことを示唆しているように思える。

それもあってか、浅野瀬兵衛の書状には藩札処分の方法や家臣への配分金の内訳が詳細に記されており、彼らの情報収集とインテリジェンス能力の高さを示している。(11)このように伊賀忍者のヨコの情報ネットワークシステムは、インターネットと似た、中心なき双方向の情報発信から成立している。それゆえ、帰属が異なり、遠隔地に住んでいても、信頼のインタラクションは維持され、秘密裡での情報交換がなされていたと推定できる。

補足リサーチ9　戦国文化の基層を探る

ここでは、茶の湯と連歌を通じて、戦国の文化の基層がどうなっていたかの一端を探りたい。筆者には、ビジネスパーソンにして茶道を学ぶ小笠原義成氏という友人がいる。彼に、室町時代から戦国時代にかけての茶の湯の歴史を教えられた。以下では、そのレクチャーの際の文章の一部をそのまま引用させていただく。

「足利義満は室町殿と呼ばれた将軍の邸宅を造り、連歌やさまざまな芸能の場として『会所』を設けた。会所では、一部の上流階級を中心に現在の茶事と似通った茶会風景が見られた」

「室町時代中ごろには、寺社の参詣人に茶を振る舞う『一服一銭の茶』が売られた。一服一銭の茶は、茶一服を安い値段で点てて飲ませることに由来している」

「足利義政は風流を愛し、静かに趣味に生きることを好んだ。禅僧と交流をもつうちに茶を楽しむようになり、会所の飾りつけを行う『同朋衆』の能阿弥の紹介で、茶の湯をたしなむ村田珠光《じゅこう》を招く。珠光は『草庵の茶』の創始者で、義政に茶を教え、大徳寺の一休宗純に禅を学んだ。禅や能、連歌の深い精神性に影響を受けた珠光は、茶の湯の舞台を派手な会所から、わびた風情の茶屋や小座敷に移していった」

「義政が茶を愛しだすと、一般の人たちにも茶を飲むことが流行し、寺社の門前に茶売りの姿が現れだす」

以下は本章で述べたこととも重なるので、要約して述べる。

戦国時代には千利休が登場し、わび茶の心を浸透させた。彼は信長と秀吉に茶匠として仕え、大きな役割を果たす。そして、「利休七哲」と称された武将茶人を育てた結果、大名茶が流行する。信長が茶道を政治的に利用したことは、すでに述べた。功績のあった家臣には茶道具を与え、さらに茶会の開催を許す「御茶湯御政道《おちゃのゆごせいどう》」を行った。一方で、若き日の信長は農村の年寄りたちにお茶をすすめ、天下人となった秀吉は、民や商人に幅広く呼びかけて北野の大茶会を実施している。江戸時代に至ると、農民たちは茶の湯を日常的に楽しむようになった。

次に連歌について、歴史的展開を概観したい。連歌とは、室町時代に完成して急速に普及した、多人数で連作する詩である。室町時代には武士や僧侶といった当時の知識階級だけでなく、商人や農民も連歌の会を楽しんだ。

戦国時代の連歌師の第一人者は里村紹巴《じょうは》である。紹巴は、連歌書を著し、諸大名と交流して連歌の地位を確立した。こうして連歌は、当時の知識階層の必須の教養となっていく。

他方で、戦国時代末期には俳諧連歌が始まった。江戸時代には井原西鶴や松尾芭蕉が歴史の表舞台に登場し、俳諧連歌は隆盛をきわめ、広範な民衆が楽しんだ。

以上、茶の湯と連歌の歴史的推移をごく簡単に概観した。ここから、戦国の文化の基層を形成している特性を以下の三点にまとめることができる。

第一に、大名から商人や農民まで多くの日本人が茶の湯を楽しみ、連歌をつくった。支配者と民衆の間に文化の格差はきわめて小さく、両者を隔てる障壁はすぐに越えられる程度の高さしかなかったのである。

第二に、茶の湯や連歌は人間関係を創る場として発展した。いずれも、山崎正和氏が言うように、「社交のなかのさまざまな手続きを、そのまま藝術にまで洗練したもの」だったのである。第三に、当時の支配階層だけでなく民衆の間でも、洗練された文化が根付き、芸術と呼びうるレベルまで高められていた。

ところが、ユーラシア大陸の東に位置する中国や朝鮮には、こうした三つの特性は存在していない。一方で西ヨーロッパに眼を転じ、一四世紀にイタリアの独立した都市国家から始まったルネサンスに着目すると、三つの特性とは異なる革新的な文化運動が展開されていた。西ヨーロッパとは異なる展開とはいえ、この三つの特性こそが、日本の民衆が自律した近代的市民となりつつあることを示していると言えるだろう。

江戸時代に至ると、さらに広域の人びとを結ぶ文化のネットワークを創りあげていく。俳諧連歌は多くの農民たちに流行し、同好の士が集まって「連」と名付けられた集団で創作活動を楽しんだ。松尾芭蕉の『奥の細道』を読めば、全国各地にさまざまな職業の弟子たちがいたことがわかる。江戸時代は、タテ社会の原形が幕府によってつくられたことから、タテのネットワークが主体のように思われるかもしれない。しかし、少なくとも文化においては、広域をカバーするヨコの人的ネットワークが張りめぐらされていた。

(1) ルイス・フロイス著、松田毅一、川崎桃太訳『完訳フロイス日本史2』中公文庫、二〇〇二ページ。

(2)カール・A・ウィットフォーゲル著、湯浅赳男訳『オリエンタル・ディスポティズム――専制官僚国家の生成と崩壊』新評論、一九九一年、二五六ページ。
(3)前掲(2)、五二四ページ。
(4)山崎正和『社交する人間――ホモ・ソシアビリス』中公文庫、二〇〇六年、一三九ページ。
(5)太田牛一『信長公記(上)』教育社、一九九七年、八二〜八四ページ。
(6)林屋辰三郎『日本の歴史12天下一統』中公文庫、二〇〇五年、四二四ページ。
(7)太田牛一『信長公記(下)』教育社、一九九七年、二四二ページ。
(8)民衆に西洋音楽が深く根付いていた例を紹介しておきたい。たとえば、戦国時代に生まれた箏《こと》の名曲「六段の調べ」がキリスト教の宗教音楽「グレゴリオ聖歌」に似ており、この影響を受けて生まれた可能性がある、と皆川達夫氏が指摘されている。戦国大名である信長も秀吉も、日本人神学生が演奏して歌う西洋音楽を好んだ。こうした曲がつくられたのは、民衆への西洋音楽の広がりがベースにあったと考えられる。その後、キリスト教が禁教となって弾圧されたことから、西洋音楽は広がらなくなった。ところが、弾圧にもかかわらず、長崎県平戸市の生月島《いきつき》の隠れキリシタンがひそかに伝えた祈りの歌は、スペインの聖歌と歌詞が一致する。この歌は、現代に至るまで歌い継がれている。このように戦国の社会では、音楽の分野においても、大名と民衆の間に隔たりはなく、西洋音楽が深く広範に浸透していったのである(皆川達夫「キリシタン音楽に光」『日本経済新聞』二〇一二年七月二一日)。
(9)藤ノ一水子・藤林正武『正忍記』紀尾井書房、一九八八年、三三〜三五ページ。
(10)磯田道史『歴史の愉しみ方――忍者・合戦・幕末史に学ぶ』中公新書、二〇一二年、一六〜一七ページ。

(11) 野口武彦『忠臣蔵——赤穂事件・史実の肉声』筑摩書房、一九九四年、八六、八七、九八ページ。

第9章

もうひとつの選択肢の可能性

——分権型社会はありえたのか

本章では、信長による天下統一に向けた戦略やアクションを考察する。その際、天下統一とは異なる選択肢として、前章で分析した多数中心社会である日本の基本特性に適合した分権型社会がありえたのではないかという仮説をテーマに、多面的に検討したい。ただし、実際の歴史は、戦国の分権型社会が継続せずに終焉し、深刻な世代間ギャップが発生した。そこで本章では、日本史の転換期に生じる世代間ギャップをいかに修復すべきかという普遍的なテーマも設定し、その解決策を未来志向で探ることにする。

上からの変革による天下統一戦略の先進性

一五八二年(天正一〇年)三月、織田軍に追いつめられた武田勝頼は天目山で自害し、武田家が滅亡する。その結果、戦国の熾烈なサバイバルゲームは織田信長の一方的勝利に傾き、彼の天下統一事業の完成は目前に迫っていた。

では、信長の上からの変革による天下統一戦略とは、そして統一後の国家構想とは、どのようなものだったのだろうか。ここで再度、信長の戦略と国家構想の関係をまとめておきたい。

第一の特徴は、比叡山の焼き打ちや一向一揆の大虐殺に端的に示されているように、古い中世的権威や新旧仏教勢力の徹底した破壊を不可欠の前提としていたことである。同様に、伊賀のように日本の近代化を予兆させる新しい共和制型国家も武力で鎮圧し、徹底的に破壊した。ここから、中央集権型の専制国家を構想していたことがはっきりと浮き彫りにされる。

第二の特徴は、戦略的に鉱工業を育成し、広域の商業ネットワークを構築したことである。関所を撤廃し、楽市楽座を政策的に推進し、経済の活性化を図る。そして、堺、大津、草津といった貿易・商業都市を直轄下におき、各地で発展した寺内町に矢銭・礼銭を賦課することで、経済支配を強化した。こうした重商主義的な性格を色濃くもつ経済政策とともに、鉄砲生産の意識的な奨励に象徴されるような軍事生産に傾斜した殖産興業的な政策も、推進する。こうした経済政策の性格から、商業ネットワークを広域化して海外貿易のネットワークを拡充しようとしたと推察できる。したがって、鎖国政策をとることはなかったであろう。

第三の特徴は、軍隊の組織イノベーションの実現である。まず、兵農分離を推進して武士の専業特化を実現し、農繁期にも制約なく戦争することを可能にした。さらに、畿内を掌握して以降は方面軍を設定し、同時に全方位での領国拡大を可能としていく(ただし、第5章で説明した第一次上田合戦での真田昌幸の圧倒的勝利のように、兵農分離ではなく農民の武装化によるゲリラ戦型の組織イノベーションもありえたことにも、目配りしておく必要があろう)。

この三つの先進的でラディカルな戦略を並べてみると、これらが信長の天下統一構想において有機的に関連付けられ、新たな社会システムの実現に向けて整合性をもって推進されたと考えられる。必ずしも新たな社会システムの青写真が明示されていたわけではないが、信長の近代人ともいうべき合理性に基づくシステム思考をもってすれば、彼の頭脳の中では、はっきりとしたグランドデザインが描かれていたと推察できる。

しかし、有機的に関係付けられた戦略により武田家を滅亡させ、天下統一に確実に近づいた信長は同じ年の夏、本能寺の変であっけなく殺されることになる。

本能寺の変の根本原因

近年、本能寺の変をめぐっては、直接の下手人・光秀の背後に黒幕がいたとか、複数の黒幕候補のうち真犯人は誰なのか、といったミステリーを読むような説や歴史小説が発表されている。だが筆者は、信長の目指す新たな社会システム実現に向けた支配方式と組織形態自体の特性にこそ、本能寺の変の根本的な原因が隠されており、それを探るべきである、と主張したい。

信長の目指す社会システムは極度に中央集権化した専制システムであり、その頂点にカリスマである専制君主信長が君臨する。その支配方式を時系列で考察してみよう。若いころのごく一時期を除き、信長は常に一人で意思決定していた。そして、領国が拡大するにつれ、カリスマ型支配を強めていく。その方式をさらに強化すべく、安土城築城後には自ら生きながらにして天皇を超える権威を持った神になろうとした。実際、神＝信長を礼拝させることを目的に、盆山という石を寺院の最高の場所に置かせたと言われている。

確かに、軍隊を方面軍方式に再編し、部下の重臣たちに分国支配を任せたように、表面的には権限移譲した分権型支配様式を採り入れたかのように見える。重臣・柴田勝家に指示した『越前国掟』も、第八条までは公正と合理性をもった分国支配を要請している。ところが、第九条では「何事も信長の言うとおりにせよ」と意思決定者は信長ただ一人であると明記した。自らに意思決定を集中する専制システムは変えていない。(1) こうしたシステムにおいて、領国の拡大とともに意思決定すべき件数が急増し、組織的な機能不全に陥るか、場合によっては組織が自壊するリスクを内蔵させた不安定な支配につながっていく。

意思決定の集中による弊害の先行事例は、明王朝の初代皇帝・太祖に見いだすことができる。太祖は貧農出身であり、出自は秀吉に似ていたが、意思決定を集中させた点では信長に似ていた。実際、宰相さえおかず、官僚の職務を細かく分割し、漢・隋・唐といったそれまでの専制王朝以上に極端な専制政治を実践したのである。太祖が決裁する案件は、一三七四年九月の八日間だけで実に一〇六〇件にもなったと言われている。(2) これでは一日一〇〇件以上を決裁せねばならない。太祖がいかに英明な君主だったとしても、全案件を的確に決裁できたとは思えない。

また、第三代の永楽帝は、専制型組織をより安定して作動させるために秘密警察をつくり、張りめぐらしたスパイ網を宦官に任せ、太祖以上に徹底した恐怖政治を進めた。その結果、明王朝は二七七年の長期にわたり継続はしたものの、暴力と腐敗が蔓延し、軍人や官僚の忠誠心は失われていく。実際、満州から後の清王朝の軍隊が攻めよせ、加えて民衆が反乱を起こすと、皇帝の軍隊は民衆側に寝返り、官僚は傍観するだけで、あっけなく滅亡した。

このように意思決定の極度の集中は、表面上は効率的に見えても、組織の活力を奪い、不安定な状態に陥れる。もし信長が本能寺の変で横死せずに天下を統一し、織田政権が成立していたとしたら、明王朝と酷似した極端な専制政治を志向したであろう（ただし、多数中心社会の日本では、極端な専制政治の継続は難しかったと言える）。

恐怖政治という面でも、信長と太祖は酷似していた[3]。たとえば、長年の重臣だった林佐渡守や佐久間信盛に対し、突然に過去の不手際をあげつらい、追放処分にしている。これは恐怖政治そのものであり、独裁政権は必ず腐敗するというプロセスを足早に実証した何よりの証だったと言うことができる。皇帝・太祖も武功を立てた開国の功臣三四名のうち二五名を死罪にし、その一族縁者を大量虐殺した。

このように極端な専制政治と粛正をともなう恐怖政治は、メダルの表裏の関係にある。二〇世紀の全体主義国家がそうであったように、相互に密接に作用し合いながら、図19のように恐怖のスパイラル曲線を描いて専制と粛正をエスカレートしたと言えるだろう。

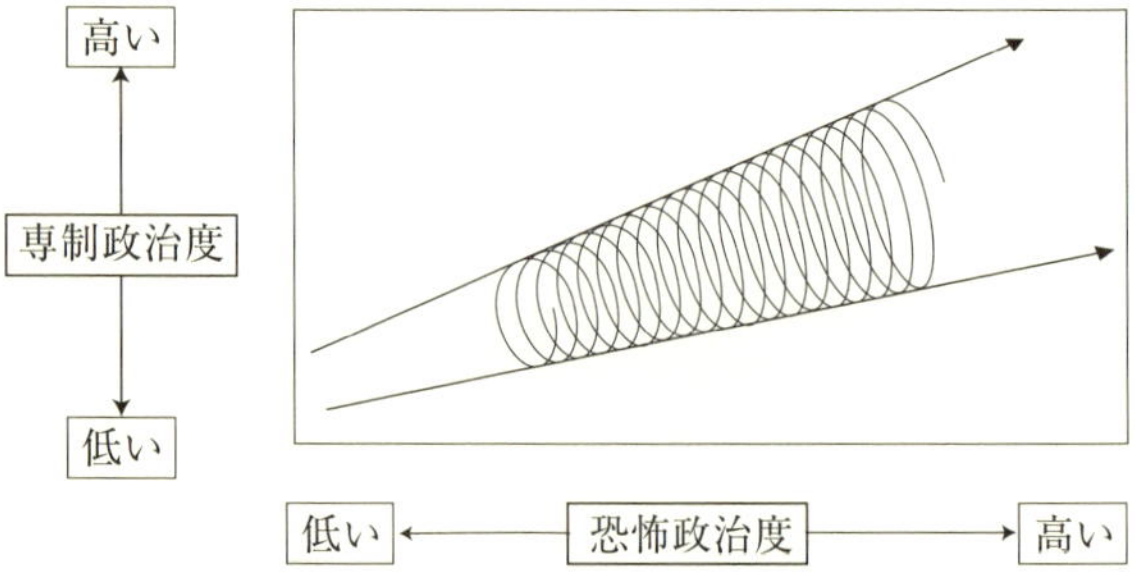

図19　恐怖のスパイラル曲線

こうした専制と粛正による信長の恐怖政治を意識すると、われわれが「直接の上司として戦国大名を選べ」と問われたとき、絶対に選びたくないのは晩年の信長ではないだろうか。重要な意思決定はすべておうかがいをたてねばならない。常に軍事面での戦果を問い、命令に絶対服従させる。その信長の直接の部下になることは、常時緊張を強いられ、粛正の恐怖に脅えながら、休むことのできないワーカーホリック(仕事中毒)にさせられることにほかならない。

実際、恐怖政治の性格を色濃くもった息の詰まる専制支配に耐えられず、荒木村重や松永久秀といった武将たちが信長を裏切った。そして、専制支配の一極集中度が高まるにつれて、組織や支配の仕組みが円滑に作動せず、納得しがたい恣意的な意思決定が目立つようになる。

その結果、図20で描いた構図のように、直接の部下である重臣や武将たちの忠誠度は低くなり、信長への求心力は弱まる。逆に遠心力が働き、裏切りの可能性が急速に拡大する、というマイナスの力学が働き、マイナス度が増幅される。この延長上に、本能寺の変は起こるべくして起こった、と言えるのではないだろうか。

図20　恣意的意思決定と粛清のインパクト

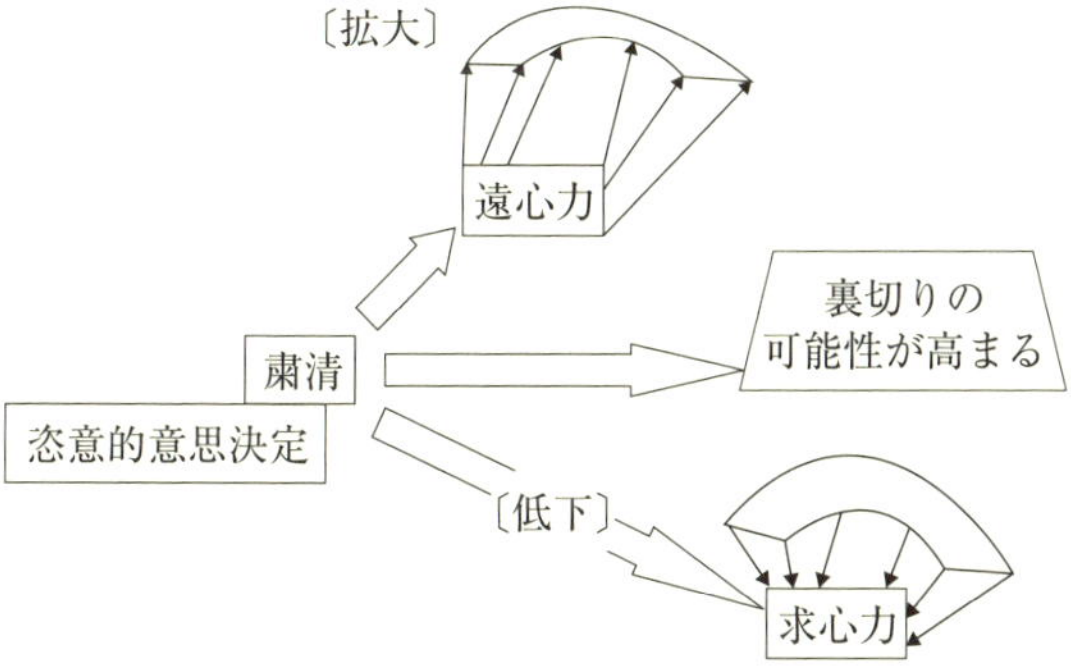

信長の軍事組織・軍事情報ネットワークの構造的欠陥

さらに、本能寺の変において見落としてならない決定的なことがある。それは、明智軍が本能寺を取り巻いた時点で、水色桔梗の旗を見た森蘭丸が明智光秀の裏切りであることを信長に報告する有名なシーンの軍事上の問題点だ。というのは、このシーンが図らずも信長の軍事組織と軍事情報ネットワークの構造的欠陥を露呈させているからである。

その欠陥の元をたどっていくと、信長軍の組織イノベーションである方面軍方式に行き当たる。確かに方面軍方式は、同時並行での領国拡大を可能にしたという意味で、画期的だったと言える。しかし、同時に二つの深刻な潜在的弱点を内蔵していた。

ひとつは、方面軍を増員拡充し、領国拡大のスピードをあげるほど、司令塔である信長の直轄軍の増大が後手にまわり、中枢防備の脆弱性を構造的にかかえるという弱点である。実際、明智軍一万三〇〇〇人に対し、本能寺において信長を守る側近の武士は三〇人にも満たなかったし、二条城にいた長男・信忠の軍勢も二〇〇〇人足らずだった。もうひとつは、方面軍の軍団長が裏切らないという前提での編成方式であることだ。もし軍団長が裏切った場合は、少数の直轄軍はひとたまりもなく殲滅《せんめつ》させられるという組織上の弱点を内蔵させていたのである。

そして、信長直轄軍の決定的失敗は、明智軍の異常な行動を事前にまったく把握できなかったことだ。軍事情報ネットワークを重視してきた信長とは思えない失態である。少なくとも京都周辺の幹線道路には物見の兵を配置し、防備のための情報ネットワークをつくっておく必要があった。そうすれば明智軍の襲来を事前に察知でき、本能寺から逃亡する時間的余裕もできたであろう。さらに言えば、こうした状態では、過去に信長に滅ぼされた戦国大名の残党や一向一揆あるいは伊賀の忍者たちが一〇〇人規模で急襲すれば、十分に信長殺害は可能だったと言える。

このように、そもそも防備のための情報ネットワークがないがゆえに殺された根底の要因を探っていくと、自らと神を同一視するまでになった独裁者信長の慢心に行き着くのである。本能寺の変とは、極度の一極集中という組織的欠陥をもった独裁政権がたどる必然的結果だったと言えるのではないだろうか。

豊臣・徳川政権による社会システム・情報ネットワークの統合再編

信長の死後、迅速に逆臣光秀を滅ぼした豊臣秀吉により、天下統一は達成される。

天下統一後の秀吉の政策の第一の特徴は、天皇の権威により国家を統治する政治方式のもと、全国で統一した検地を実施したことにある。この結果、すべての土地が国・郡・村の単位に編成され、作成された土地台帳に基づき石高制の軍役体系が確立された。第二の特徴は、身分法令により、武士・農民・職人・商人の身分を明確に分けたことである。こうした兵農分離・商農分離は、江戸時代の武士を支配階級とする士農工商の階級制度につながると同時に、農民・職人・商人といった民衆一人ひとりの掌握・支配をもたらした。

こうして、ヨコのネットワークにより村同士がつながり、自律的に組織されていた村の性格は一変し、徳川幕府によって定められた鋳型にはめられる。そして、領主支配によるタテの関係が強いピラミッド型ヒエラルキーの組織に統合再編されていく。豊臣政権の政策と江戸幕府の成立は、秩序だった農本主義に急速に傾斜することで、局地的市場圏の形成による商品生産・流通の自生的発展、自由で自律した自治的な都市・農村の成立による市民社会の形成、広域のネットワーク経済圏の成立による近代化・資本主義化を選択する道を封じ込めたのである。

振り返って総括すると、戦国時代は、急速に台頭した農民・商人・職人といった新興の市民層とも言うべき広範な民衆によって、中世の伝統的社会が動揺・混乱・崩壊し、常に分権化の力学が働く、下からの変革の時代であった。色彩で表現するならば、熱気に満ちて沸騰する民衆のエネルギーが真赤に燃えさかった社会である。それは、民衆のエネルギーを各地に割拠する戦国大名たちがカリスマ性を発揮してからめとり、領国支配を拡充していく、ダイナミックに躍動する緊張感に満ちた社会である。

そうであるがゆえに、中世前期までの閉鎖的な情報ネットワークの壁を打ち破り、民衆が主役の躍動するオープンな情報ネットワークとなっていった。そして、こうした性格の情報ネットワークが各地に数多く形成され、多様で複雑な広がりをもって展開されたのである。

もうひとつの選択肢の可能性

このような戦国の社会にあふれていた民衆のエネルギーや分権化へ向かう力学、さらには多様に広がる情報ネットワークを考慮するならば、上からの変革による天下統一とは異なる選択肢の存在が浮かび上がってくる。

信長から秀吉に引き継がれて実現した天下統一、その成果を踏まえて官僚制機構を整備し江戸幕府を開いた家康と続く歴史的事実の重みに圧倒されると、もうひとつの選択肢を見いだすことは容易ではない。しかし、もうひとつの選択肢は、以下に述べる四つの根拠に基づき客観的にもありえた。信長、秀吉、家康と続く統一政権の推移が唯一の道であり、必然だったという決定論的発想の呪縛に、絡めとられるべきではない。

これについては、すでに小島道裕氏が『信長とは何か』で提示しておられる。小島氏は「天下統一は必要だったか」と設問し、信長の戦争がなければ、「各地の大名と家臣の領主たちが、あるいは国人一揆の共和国が、あるいは本願寺領国が、それぞれ並存しつつ、連邦的なあり方で、平和裡に共存する」という選択肢もありえた、とされている。筆者も、この選択肢の提示に基本的に賛同する。そこで、小島氏の先駆的業績を参考に、筆者の見解も加えながら、もうひとつの選択肢の可能性をより深く考察していきたい。以下、四つの根拠を明らかにしていこう。

①根拠1　多くの戦国大名が地方の君主を目指す

戦国大名の大部分は、必ずしも天下統一を目指したわけではなく、地方政権を目指していた。たとえば、毛利元就は中国一一カ国に領土を広げたにもかかわらず、「天下を望むことなかれ」と遺言している。上杉謙信も死の直前まで、関東管領として関東の支配にこだわっていた。関東支配を目指したという点では、後北条氏も同じである。越前の朝倉義景にしても、信長上京以前に京都を占領していた三好一族にしても、天下統一という発想をもっていない。

さらに、信長にとっての最強のコンペチター武田信玄でさえも、長年にわたって信濃、西上野、飛騨［岐阜県北部］、駿河［静岡県中部・北東部］と隣国の侵略に忙殺されていた。最晩年の西上作戦において、ようやく京に旗を立て天下を取ろうと意識するに至ったにすぎない。

こうして見てくると、美濃を攻略した段階で天下布武を掲げ、天下統一を目的意識的に追求した信長は、戦国大名としては例外的な存在である。天下統一を唯一の価値基準とするならば、信長は群を抜いた先進的イノベーターとして評価できる。だが、多くの戦国大名が、自らの領国を強固にし、地方の君主を目指す地方分権の選択肢を選び、その政治的選択が経済の向かう方向と適合しているのであれば、天下統一を目指す信長の行動には無理があり、単純に礼賛するわけにはいかなくなる。

②根拠2　経済の地方分権化の進展

戦国時代の経済システムが一極集中型から多極化した地方分権型へ大きく転換した。

室町時代における京都は、幕府が開かれたこともあり、多数の武士が常駐し、数多くの商人や職人が集まった結果、一大消費地となり、経済の一極集中を促進した。しかし戦国時代に至り、農業の生産性が向上するとともに、鉱工業や商業が発達したため、第2章で述べたように全国各地に城下町や自治都市が形成され、人口を急増させていく。

農業の生産性向上は、再三述べてきたように農村の家内制手工業の発展をもたらし、鉱工業や商業の集積地である城下町や自治都市との社会的分業により局地的市場圏を成立させる。また、特産品の奨励による産業育成政策も相俟って、広域の地方経済圏が全国各地に成立した。

このように戦国時代は、有力大名が全国各地に割拠することで、政治システムとして地方分権が成立したように、経済面においても分権型経済システムをもたらしたと言える。したがって、過度に中央集権化された政治システムは、その土台となる経済システムの分権化の進展を考慮すると、構造的に無理であると言わざるをえない。政治システムも地方に分権化したほうが、土台となる経済システムと適合し、整合性がとれる。

さらに、堺や博多といった貿易都市の存在である。信長や秀吉に武力で制圧され、広域の経済ネットワークに組み込まれてしまったが、仮にそれがなければ、事態は異なっていたであろう。自治を貫く武装せる貿易都市国家として、商人自身の商業戦略により、各地方経済圏にまたがるネットワークと、東アジアやヨーロッパの貿易ネットワークを緊密につなげて富を蓄積し、一層の繁栄を実現した可能性が高い。

③根拠3　多数中心社会の力学が働く

前章で考察したように、日本は多数中心社会である。日本社会の歴史をたどると、政治システムでも経済システムでも、一貫して多数中心的な方向への力学が働いている。とくに、一一九二年(建久三年)に武家政権である鎌倉幕府が成立して以降、この傾向に拍車がかかった。

長期の歴史的視点から俯瞰すると、根拠1の各地に割拠する戦国大名の地方政権も、根拠2の多極化した地方分権の経済システムも、多数中心社会の力学が働く結果としての分権化のメガトレンドに位置付けられる。信長の天下統一に向けた戦略とアクションも、長期の歴史的視点から捉え返す必要がある。なぜなら、たとえ信長が本能寺の変で死なずに、中央集権の専制独裁国家を目指したとしても、多数中心社会へ戻そうとする力学が働き、信長の構想どおりの極端な専制国家は成立しえなかったと推測できるからだ。

徳川幕府による統一国家では、各地の大名の統制を強化し、士農工商制度によりタテ社会の性格を強めてはいた。しかし、多数中心社会の力学により、中央集権の専制独裁国家にはなりえなかったのである。

④根拠4　複数の宗教国家・共和制型国家成立の高い可能性

信長の大虐殺がなければ、顕如をカリスマとする一向一揆が数カ国で宗教国家を築いていた可能性が高い。

一向一揆が権力を掌握していた加賀の国は、さまざまな紆余曲折があったとはいえ、九二年間の長期にわたって「百姓の持ちたる国」として継続し、門徒たちによる国家の運営を実現した。こうした宗教国家を一致団結してつくりあげる集団的パワーをもつ宗教集団を、信長は徹底的に虐殺した。

一連の大虐殺で犠牲になった一向宗門徒の数は異様に多く、あらためて驚かされる。伊勢長島では、老若男女を問わず二万人の門徒を無差別に殺害した。越前においても、殺された人数に人身売買のために捕まった人数を加えると三万～四万人と記録されている。まさに信長は、一向一揆に参加する門徒を根絶やしにしようとしたのである。「信長は政教分離を実現しようとした」と肯定的に評価する見解もあるが、だからと言って大虐殺という行為を正当化はできない。

もしこの大虐殺がなければ、一向一揆はどのようになっていったのだろうか。こう設問すると、「彼らは、加賀以外に越前、紀州、大阪でも独立した宗教国家を成立させたであろう」という確度の高い選択肢が見えてくる。

こうした独立国家の成立は、信長の徹底した焦土作戦により、人口を半減させられた伊賀の国についてもあてはまる。この無慈悲な作戦がなければ、上忍・中忍・下忍(ふだんは農民)というピラミッド型の階層の存在ゆえに完全な平等とは言えないという制約はあるが、一二人の代表を選挙で選び、その代表の合議制で国家を運営する主権在民による「忍者の共和国」が継続したと推測できる。彼らはそこで政治的にも鍛えられ、情報収集・伝達・操作のプロの仕事人として独立心と自律性をより一層高め、独立独歩の忍者共和国を発展させた可能性が高い。

戦争の勝利が目的というマイナス面をもってはいるが、情報収集・伝達・操作を専門の仕事とする忍者という職業が、一六世紀の戦国の社会で機能分化していたのである。これは、情報を扱う仕事が分離独立したという意味で、社会的分業の高度化として捉えられる。同時代のどの国にもない画期的かつ先進的な高度化であり、世界史的意義を有していた、と言えるかもしれない。

この四つの根拠によって、もうひとつの選択肢の全容が見えてきた。ここで、さらに一つの仮説を提示して議論を深めていきたい。あまりに大胆すぎるかもしれないが……。

「武田信玄が三方ヶ原の勝利以降も病に倒れることなく西上作戦を継続し、信長に勝利したとしたら、いかなる展開になっただろうか」

補足リサーチ6の第三の「もしも」で掲げたこの仮説の検討は、もうひとつの選択肢の可能性を新たな側面から照らしだす意義があるように思える。

信玄勝利後の仮説

第一の仮説は、信長に勝利して京都に旗を立てられた場合であるが、信玄には明確な天下統一のビジョンも戦略もなかった。それゆえ、信長包囲網において同盟を結んできた諸大名や一向一揆をコントロールできず、試行錯誤するも、結局は足利義昭を京都に戻し、室町幕府を復活させ、その権威により自らは執権的立場で統治するという展開である。しかし、伝統的権威にすがった政治は統制力があまりに弱く、反信長勢力を形成してきた諸大名や一向一揆、さらには堺をはじめとする自治都市を、独立した国家として認めざるをえないだろう。

第二の仮説は、武田幕府の設立である。しかし、兵農分離をしていない武田の軍団編成では、尾張、美濃ならびに畿内を実質的に掌握するための長期間にわたる戦争に耐えられず、武田幕府の継続的維持はきわめて困難になると推測せざるをえない。

この二つの仮説からわかるように、信玄による天下統一政権継続の可能性はきわめて低い。むしろ、各地域に割拠する独立性の強い国家群が並存し、経済的にはゆるやかなネットワークで統合される社会システムが浮き彫りにされてくる。そのシステムは、根拠1〜4を踏まえると、政治システム・経済システム・宗教集団と適合しており、客観的にも無理のない選択肢と判断してよさそうだ。

近代以降の統一された国家をあるべき国家形態としたうえで、過去にさかのぼって、すべての歴史にあてはめる必要はない。小島氏も主張されているように、近代以前には小国家群に分裂した状態もありえたというフレキシブルな発想をもつべきであろう。

ヨーロッパにおいても、イギリスやフランスは統一国家だったが、ドイツは多数の小邦とハンブルクやブレーメンなどの諸都市に分裂した状態が続いていた。イタリアもルネッサンス以降、ローマ教皇領、ヴェネツィアやジェノヴァといった貿易都市を中心とした共和国、ナポリやシチリアといった王国などが割拠する状態が長期にわたり続いていた。小国家の並存というかたちは近代以前の世界に類似ケースが多く、特殊な例外ではない。

分権化の選択肢を阻止した信長の天下統一戦略

ここであらためて四つの根拠をもとに、小国家が並存する分権型社会システムの選択肢の可能性がありえたという立場から、信長の天下統一に向けた三つの戦略を捉え返してみよう。図21をみると、この三つの先進的でラディカルな戦略を推進する以外には日本列島にまたがる中央集権型の統一国家を成立させられなかった、という逆説的な構図が明らかになる。さきほどの仮説の検討と図21から明らかなように、信玄にも他の戦国大名にも統一国家は構築できなかった。

信長は、既存の伝統社会と独立を目指す新興反対勢力の両者に対する徹底した破壊者である。専制政治に立脚しているとはいえ、強引に上からの変革により中央集権型統一国家をほぼ完成態にまで創りあげた、画期的なイノベーターだったと評価すべきかもしれない。歴史家E・H・カーの表現を借りるならば、信長とは、「既存の勢力に跨って偉大になった」偉人以上であり、「自分達を偉大にさせた諸力そのものを作り上げるのを助けた」「一層高い創造力が認められる」「偉人」

図21　分権化の選択肢と、それを阻止した信長の天下統一戦略・国家構想

信長の天下統一戦略・国家構想	
国家形態	中央集権型専制国家を目指す
経済政策	海外貿易＆広域商業ネットワーク 楽市楽座の育成、関所の撤廃、交通網の整備、殖産興業
軍隊の革新	兵農分離 方面軍方式による全方位での同時的領土拡大

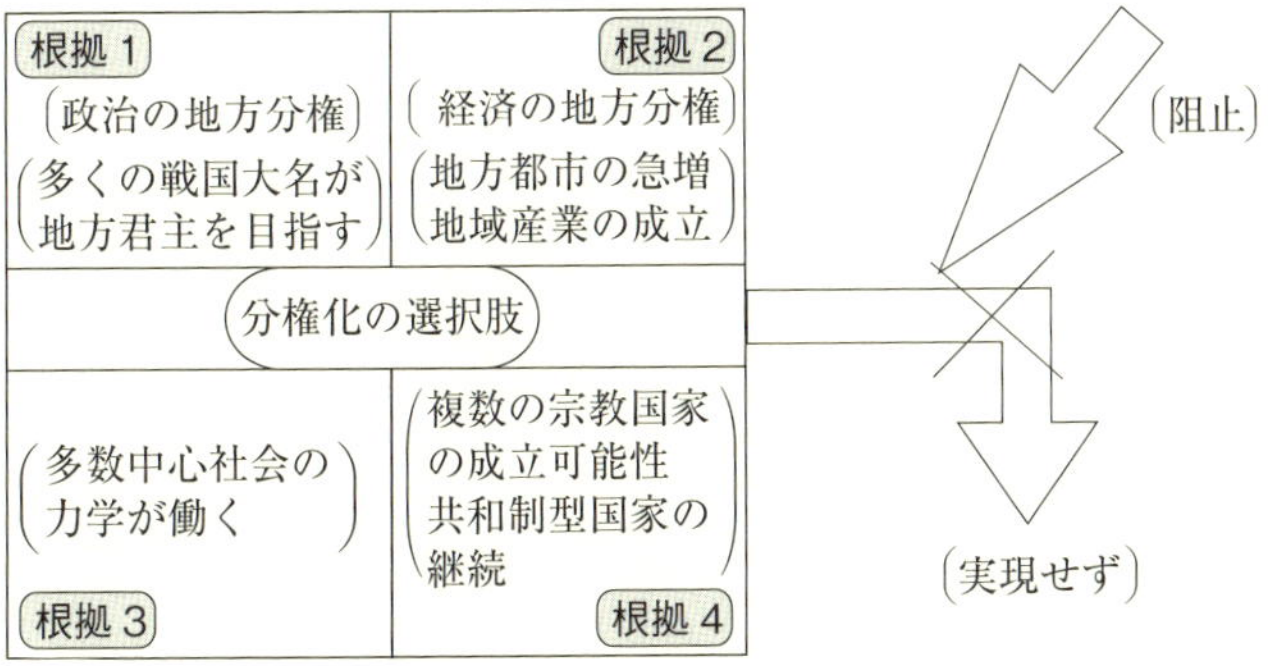

だったのである[4]。

破壊と創造を繰り返した信長の評価は、歴史家それぞれで大きく異なる。にもかかわらず、信長が戦国の歴史を大転換させた巨人であり、日本史の上に大きな足跡を残したという点では、ほとんどの歴史家の意見が一致するのではないだろうか。

むろん、戦国の社会を離れて信長は存立しえない。戦国の社会の発展と信長の成長は、互いに影響し合いながら進展した。こうした社会と個人の相互作用を踏まえるならば、信長は民衆の間で急速に台頭してきた合理主義という戦国の時代の意志を代表して表現し、先頭をきって実行してきた巨人だった、と言えるだろう。

再度、分権化がありえたという仮説に戻り、将来を展望するならば、戦国大名の領国、一向一揆の宗教国家、堺や博多といった貿易都市国家、伊賀のような共和制国家がそれぞれ独立して並存し、商業や交通、情報のネットワークでのみ結合する分裂状態が続いたと推測される。そして、時間の経過とともに、各地域産業の発展により経済の広域ネットワークがより緊密になることで、国家間の利害調整が頻繁に必要となり、複数の国家がゆるやかに結合した複合国家が成立したのかもしれない。あるいは、経済圏としては統合され、政治的には独立して平等な共存関係にある地域国家や都市国家の連合体が形成されていったのかもしれない。

自律分散型情報ネットワークシステムの展開と世代間ギャップ

分権型社会の選択肢を支える情報ネットワークも、前章でまとめたように、全体としては分権型社会に照応し、日本列島を網羅した自律分散型システムとして拡大していったと予想できる。また、その発展が逆作用して、分権型社会はその特性である多様性と自律性をより強化したと考えられる。

こうした社会の分権化と情報ネットワークの自律分散化との相互作用のプロセスは同時に、両者と親和性のある多数中心社会の特性を、より強化するプロセスにもなっていった、と推定できる。そして、時間の経過とともに、民衆の情報ネットワークシステムが音声主体から文字主体へ転換することで、合理性に基づく知的レベルアップに拍車をかけ、知的にも道徳的にも成熟した数多くの民衆が主体となって、外圧に強制されない自生的でゆるやかな近代化・資本主義化の道を切り拓くことにつながったかもしれない。

しかし、実際の歴史は、信長によって中央に統合され、秀吉によって天下統一が実現し、江戸幕府の開設により統一国家が継続した。その結果、戦国の分権型社会は終焉し、情報ネットワークシステムも自律分散型の性格を根本的に変えていく。そのため、戦国時代を生きた旧世代と、天下統一後におとなになった新世代との間には、武士においても民衆においても、深刻な世代間の断絶が発生した。

言うまでもなく、応仁の乱を境にして室町時代と戦国時代とでは、個人の目線から見ると社会の様相が一変した。同じように戦国時代から江戸時代へも、政治・経済・文化・社会の全領域に及ぶ根本的かつ構造的な変化である。時代の風景は、前の時代には想像もできないほどに変わった。世代ごとにまるで体験が異なり、帰属する組織の性格も個人の価値観も世界観も、ひいては人生観も、相互に理解しえないほど異なるものになったのである。

これを情報やコミュニケーションのネットワークに引きつけて見ると、社会の変化が根本的であるがゆえに、世代ごとに外部環境から収集する情報にほとんど共通項がなく、まったく異質なものに変わったことが明らかになる。それゆえ、人びとの知的活動となる情報群をつなぎ合わせ知識化する行為は、そもそも収集する情報の中味がまったく異なるため、情報のつなぎ方も、それに基づく知識の習得も、世代ごとにまったく異質になったと言える。

その結果、世代間をまたぐコミュニケーションのネットワークは成立せず、切断されたまま決してつながることはなかった。以下、戦国乱世の真只中を生きた世代と、天下統一後の平和な秩序だった社会を生きた世代の深刻な世代間ギャップについて、三つの事例から考察したい。

世代間ギャップによるコミュニケーションネットワークの切断

世代間ギャップについてはっきり書いているのが、徳川家康の家臣だった大久保彦左衛門である。彼は徳川家康の下で、戦争という厳しい試練を何度もくぐり抜け、戦士共同体的一体感を共有してきた。長篠の戦い以来、実に二八〇回あまりの戦いに出陣し、何度か家康の危機を救う。同時に、数々の軍功を立てるなかで傷を負い、大刃傷と槍傷が全身三七カ所にあったと記録されている。この軍歴からわかるように、徳川軍団を代表する歴戦の勇士と言える。

ところが、江戸幕府開府以降は家康のカリスマ型支配から官僚制支配へと組織の性格が根本的に転換し、歴戦の勇士たちが共有してきた戦士共同体的な一体感は消滅していく。それに替わって、天下統一後の平和な社会しか知らない、官僚として優秀な若い世代が組織の中核を担うようになった。こうした若い世代の台頭に対し、戦場での活躍の割に大名になることもできず、知行二〇〇〇石しか与えられなかった古武士とも言うべき彦左衛門は嘆き、自らの子どもたちに語りかける形式で『三河物語』を書いて憤る。

「三河の者たちは毎日武勇を心掛けているので、礼儀作法などは知らない。今の世の中では、礼儀作法を知っているものだけが出世できるようだが、そんなものが何の役に立つのだ」

さらに、知行を多くとる者は「算盤勘定がうまく、代官の身なりが似合う者」であり、知行をとることができない者は「武勇に優れた者」「算盤ができない年とった者」だと、彦左衛門から見ると公正さを欠いた江戸時代の評価尺度に悲憤慷慨したのである。(5)

こうした武士の世界の深刻な世代間ギャップは、天下統一後の各地の大名の家臣団にも見いだすことができる。九州南部に跋扈し、戦国時代に最強の軍団と恐れられ、江戸時代を通じて尚武の気風を維持したと言われている薩摩の島津軍においても同様だった。

島津軍はかつて関ヶ原の戦いで西軍に属し、西軍が総崩れになってから敵中を正面突破したために一五〇〇人の軍団の多くが戦死し、戦場の脱出時には八〇人しか残らなかったという壮絶な退却戦を体験している。その後の島津藩では、生き残りの家臣の一人が毎年この壮絶な体験を若い家臣たちに伝える、勇猛なＤＮＡの継承が慣例化されていた。しかし、歳月を経るなかで生き残りの家臣は減り続け、関ヶ原の戦いから三一年、戦国の最終戦とも言える大阪夏の陣から一六年が経過した一六三一年(寛永八年)、ついに生き残りの家臣は中馬大蔵だけになる。

中馬大蔵は大将の島津義弘にも物怖じせず、ずけずけと進言する家臣だった。そんな豪胆な中馬が若者たちに三度話そうと試みたが、そのたびに絶句して感涙にむせび、何も話せなかったという逸話が残っている。(6) なぜ、中馬は絶句してしまったのだろうか。

直接の原因としては、敵中正面突破の退却戦が筆舌に尽くし難いほど壮絶で、次々に戦死していった戦友の記憶が蘇り、感極まったのではないかと推測できる。だが、それだけで絶句したのだろうか。彼の心境を洞察するならば、戦争を知らない若い世代へ壮絶な戦争体験を伝えることの難しさに躊躇し、平和な時代が長く続くなかで世代間のギャップが大きくなりすぎて、どう伝えるべきか確信がもてなかったために、絶句せざるをえなかったと、筆者には思える。

世代間ギャップは民衆の世界でも存在していた。永原慶二氏は、これにまつわる興味深い事例を紹介されている。要約すると以下のとおりである。(7)

近江の琵琶湖北岸にあった菅浦《すがのうら》という村は惣を結成し、村の掟として「守護不入自検断之所也」と決めていた。領主側の使者を立ち入らせず、自ら裁判権や警察の役割をもつという意味だ。村民たちは、この掟に基づき自治を行っていた。

しかし、時代は変わり、江戸幕府の支配体制の確立によって、村の自治は領主支配に置き換えられる。その結果、村民たちは村の自治に関する一二〇〇点の古文書を村の神社の「空けずの箱」に収めた。永原氏は、その理由を推測されている。

「幕府の支配体制がかたまり、惣の自由な活動が抑えられたため、もはや用のなくなった古文書にかつての惣の栄光を託し、ひそかに子孫に伝えようとしたと思われる」

筆者もこの推測に全面的に賛同したい。さらに筆者には、戦国乱世で自治を貫き通した誇り高き村民たちの、次世代に自治を継承できなくなった無念の心情が、「空けずの箱」に収容するという行為にこめられているように思えてならない。

世代間ネットワークの切断をどうすれば修復できるのか

この三つの事例に示されている、時代が大きく転換する以前と以後での世代間をまたぐコミュニケーションネットワークの切断は、必然だったとしか言えないのだろうか。こう問われるならば筆者は、そうした悲観的決定論に陥るべきではないし、必然ではなかったと主張したい。もちろん、過去の歴史を塗り替えることはできない。だが、少なくとも未来に向けて現代における世代間ネットワーク切断の原因を探り出し、どうすれば修復できるのかは、明らかにできるはずだ。

そうした問題意識から日本の歴史をたどると、世代間の継承がうまくなされないという現象は、社会が転換点を迎えるときに必ず起きている。そして、その特徴は、「古いものはすべて時代遅れで、新しいものがすべて正しい」という新奇愛好性とも言える主張が多くの人びとの支持を得る点に見いだすことができる。この一面的主張は時流に乗って、旧世代の価値ある知識や知恵やノウハウを、古いという理由だけで一律に葬りさろうとする。

この社会現象というより病理現象は、戦国時代から江戸時代への転換点においても、江戸時代から明治維新への転換点においても、社会全体に広がった。社会の大転換の渦中にある現在も同様である。日本の社会は、時代の転換点において、過去の知識や知恵やノウハウの全否定による新奇愛好症候群とも言うべき病理現象に陥る体質を、基層においてかかえているのかもしれない。

では、今後こうした病理現象に陥らないためには、どうすればよいのだろうか。

まず、中高年世代が「われわれ古い世代は時代遅れなのだ」とあきらめずに、企業の中核を担っていたころの濃密な情報交換に基づく知識や知恵やノウハウを生みだすコミュニケーションネットワークの仕組みやダイナミズムを客観視して、あらためて明らかにする必要がある。そして、その仕組みやダイナミズムの分析を踏まえて、コミュニケーションネットワークの何が閉塞状況を生みだしたのか、原因を曖昧にせず探り出さなければならない。併せて、現在もそして未来にも陳腐化せずに時代を越えて価値を持ち続ける知識や知恵やノウハウを峻別し、それらを計画的・組織的に若い世代に継承していく仕組みの構築が必要とされている。

これまでわれわれは、情報ネットワークの空間的広がりによりコミュニケーションを深め、知識や知恵やノウハウをダイナミックに創造してきた。これからはそれに加えて、時間軸に沿って情報ネットワークを構築し、世代間コミュニケーションの輪を広げることで、新しい世代への知識や知恵やノウハウを継承する仕組みを意識して実現していく戦略を併せ持つべきなのである。

こうして世代間ギャップを克服し、世代間コミュニケーションネットワークの修復を計画的かつ組織的に推進して、緩慢な衰退の道しか見えない現在の閉塞状況を打破し、企業の新たなイノベーションの創出を実現し、ひいては日本経済全体の競争力復活につなげていかねばならない。

さらに、いかなる転換期に遭遇しようとも、旧世代から新世代への知識や知恵やノウハウが、河の流れのように絶えることなく継承できるネットワークの仕組みを、創造していく必要があろう。こうした努力の積み重ねが、旧世代の枠を越えて、はるかな過去の世代の知識や知恵やノウハウの継承にもつながっていく。筆者には、本書で考察してきたように、はるかな過去の戦国の世代の知識や知恵やノウハウも未来に活かすことができるように思える。

未来の若い世代が、この不断の努力をしていけば、自らの狭い範囲に限られた「経験から学ぶ」だけでなく、広く深く「歴史から学ぶ」ことができる。ひいては、現在の暗雲たれこめる状況を突破し、新たな希望の光を探りあてることにつながるかもしれない。

「愚者は経験に学び、賢者は歴史に学ぶ」というドイツの初代宰相ビスマルクの含蓄のある言葉は、閉塞状況にある日本社会を生きるわれわれ自身がいま、深くかみしめねばならないだろう。われわれは、歴史から学ぶことによって、専門分野の殻を大胆に突破し、知的創造と知的冒険に不断に挑戦する外向きでアクティブな文化を創りだしていかねばならないのである。

補足リサーチ10　複数国家説と東アジア経済圏の可能性

ここではまったく別な二つの視点から、分権型社会の選択肢を捉え直してみたい。

ひとつは、網野善彦氏が主張されている「日本列島には複数の国家があった」という視点である。(8) 網野氏は複数国家として、まず一〇世紀初頭に平将門《たいらまさかど》によって樹立された関東七カ国に伊豆を加えた東国国家をあげ、その後に成立した奥州・平泉を中心とする藤原三代の政権や一一九二年に成立した鎌倉幕府も国家であるという見方もできるとしている。さらに、アイヌ人が支配していた北海道や琉球王国も複数国家として数えられる。

複数国家説で捉え直してみると、日本の社会システムの歴史は、集権国家が列島全域を支配するのではなく、分権化の歴史の枠組みにも収まりきらない分離独立した展開をしていたと言える。さらに踏み込んで表現するならば、日本列島の歴史は、江戸時代以前には単一国家だったことはなく、複数の独立した国家の栄枯盛衰が織りなす歴史だったと言えるのかもしれない。「複数独立社会」と表現できる網野氏の複数国家説は、本章で提起した分権化の選択肢がありえたことを別な視角から客観的に照らしだしていると言えるだろう。

もうひとつの視点は、遠隔地貿易のネットワークによる東アジア経済圏成立の可能性である。まず北方から、その概要を捉えていこう。

北方はアイヌ民族の勢力圏だった。かつてのアイヌ民族は、本州の北部から、北海道、樺太、千島列島にかけて広大な地域に居住していた。その文化はユーラシア大陸の北方に位置する諸民族のオホーツク文化と深いつながりを持つ。一三世紀末には、日本文化と異なった独自のアイヌ文化を成立させていた。カムイ(神)への信仰を基本として、さまざまな儀礼や酒宴がなされ、ユーカラや歌舞などの芸能が盛んで、儀式用の服飾品や敷物も作られていた。

アイヌ民族に関しては、江戸幕府や明治新政府により不当に差別されていたこともあり、「農業生産を知らない狩猟民族であり、社会としてまとまりのない、他民族と交流の少ない閉鎖的民族」と捉えている人も多いのではないだろうか。だが、それはまったくの誤解である。

彼らは、アワやヒエなどの穀物や野菜も栽培しており、宗教的かつ社会的な権威を持ったコタン・コロ・クル(村おさ)が、裁判権を行使して統治していた。こうした村が構成要素となり、ネットワークでつながり、広域の統合された社会を形成していく。さらに樺太を通じて、北東アジアの国々と貿易のネットワークを築いていった。中世から交易民族として海を行き来し、北東アジアの遠隔地商業の一翼を担っていたと言える。

次に眼を南方に転じると、琉球王国も交易が盛んで、その貿易のネットワークは東南アジアにも及んでいる。遠隔地商業ネットワークの一大中継拠点の役割を担ったのである。

中国も同様で、ポルトガルやスペインに比肩しうる世界的な経済ネットワークを築く可能性が広がっていた。明の第三代皇帝だった永楽帝はすでに述べたとおり、「秘密警察をつくり、徹底した恐怖政治を進めて」はいたが、対外政策は開明的かつ積極的である。なかでも、イスラム教徒の宦官である鄭和に大規模な海外遠征を行わせた。鄭和は二万人を超える将兵を乗せた数十隻の大艦隊を率いて、計七回も南洋やインド洋方面にまで遠征。その一部は東アフリカにまで達し、明の通商貿易の範囲拡大に大きく貢献した。

また、日本と明との正式な通商である勘合貿易でカバーしきれない領域では、海賊的集団である倭寇が密貿易のネットワークを築いた。倭寇の集団は、日本人だけではなく、朝鮮人や中国人も含まれていた。一六世紀の後期には日本人は二〇％以下で、大部分が中国人だったという。

こうした北東アジアや東南アジア、さらにはインド洋にまで及ぶ、重層的に展開された遠隔地商業ネットワークの真只中に、ポルトガルやスペインが参入してきたのである。視点を日本に戻せば、自由貿易都市の堺や博多は、遠隔地との貿易ネットワークの日本側の主要プレーヤーとなることで繁栄していったと位置付けられる。そして当時の東アジアは、ポルトガルやスペインが新大陸で行った蛮行（短期で軍事的に制圧して植民地化する）を断念せざるをえないと彼らが考えたほど、経済ネットワークとしても、とりわけ日本においてそうだったが軍事力においても、高い水準に達していた。

こう考えると、信長・秀吉の天下統一が実現しなければ、戦国の分権社会は複数の独立国家へと成長転化し、東アジア経済圏を成立した可能性は十分にありえたと判断してさしつかえないように思える。

一方で、この可能性が摘みとられるマイナスの作用を無視するわけにはいかない。

まず、明は専制国家であるがゆえに、経済政策の連続性を維持できなかった。永楽帝の死去後は、大規模な海外遠征は一回のみである。前章で考察したように、中国の皇帝には極端に権力が集中し、何の拘束もなく意思決定できたため、逆に経済政策の一貫性を欠いていた。第二に、豊臣秀吉の朝鮮侵略は日本軍と明軍との戦争を本格化させ、東アジア経済圏成立の可能性を根底から覆したという点で致命的である。秀吉は、天皇を北京に移し、秀次を中国の関白とし、朝鮮は羽柴秀勝か宇喜多秀家に支配させるという、誇大妄想狂的なプランを表明している。秀吉の常軌を逸した侵略戦争により、日本と明や朝鮮との国家間の信頼関係は著しく損なわれた。

徳川家康が権力を掌握すると、明や朝鮮との平和的な外交に基づく貿易関係の回復を図ったが、修復に時間がかかった。一方で徳川幕府は、薩摩の島津氏による琉球の武力制圧を容認する。また、西ヨーロッパとの通商関係は、長崎のみを窓口にオランダに限定され、鎖国体制が完成していく。

この結果、海外との遠隔地貿易のネットワークは江戸幕府の規制のもとにおかれ、東アジア経済圏の成立・発展の可能性は完全に摘みとられてしまった。その後、西ヨーロッパ各国は、アジア・アフリカに対する一方的な植民地支配を強める。「もしも」東アジア経済圏が成立していれば、少なくとも西ヨーロッパ各国主導の世界システムは実現できなかったかもしれない。

補足リサーチ11　戦国の忍者たちの悲惨な末路

本章では、戦国乱世の真只中を生きた世代と天下統一後の平和な秩序だった社会を生きた世代との深刻な世代間ギャップを、武士の二事例と農民の一事例を通じて考察してきた。戦国の忍者たちにも、そのような世代間ギャップが生じていたのだろうか。

戦国時代の忍者たちと江戸時代の忍者たちの仕事の中味を比較すると、あまりにも異なる。それは、徳川家康に召し抱えられた伊賀の忍者集団の仕事の変化に端的に示されている。

忍者の仕事は、第4章で述べたように、第一に情報の収集と伝達、第二に偽情報やデマの流布による敵の攪乱、第三に敵城への侵入・放火、第四に戦争時の斥候・ゲリラだった。たとえば、服部半蔵に率いられた伊賀忍者たちは、小牧・長久手の戦いから文禄・慶長の朝鮮の役まで、一〇回を超える戦争に忍者として活動している。半蔵の死後も、関ヶ原の戦いから大坂冬の陣・夏の陣にも忍者として戦い、多くの戦死者をだした。

しかし、大坂夏の陣以降、徳川家が天下を掌握して平和な時代が到来すると、忍者の仕事は根本的に変質する。主要な仕事は、空き家になっている幕府の御殿や大名・旗本屋敷の管理であり、江戸城の警備や大奥の警護である。さらに一部の伊賀者は、甲賀の忍者とともに、鉄砲組としての役割を与えられた。

彼らは諸国通用手形を保持していたことから、情報の収集と伝達は仕事として残されていたようだ。だが、前述の第二〜第四の仕事は完全になくなり、下級武士としての仕事しか与えられなかった。しかも、唯一の忍者らしい第一の仕事も、公儀隠密や八代将軍吉宗直系のお庭番にとってかわられていく。戦争の時代から平和な時代への外部環境の変化が、伊賀の忍者集団の仕事の中味を根本的に変えていった。したがって、深刻な世代間ギャップが生ぜざるをえなかったと推測して間違いないだろう。

こうした世代間ギャップは、諸国の大名に雇われた忍者たちにも多かれ少なかれ生じ、彼らはその変化に適応せざるをえなかったと思われる。一方で、時代の変化に適応できずに、単なる犯罪者に転落した忍者も少なからずいた。忍術伝書に「忍術は窃盗術なり」と記されていることはすでに述べたが、命令者である主君が滅んだ北条や武田の忍者の一部は、江戸市中の武家屋敷や商人屋敷に押し入り、強盗や殺傷を繰り返した。幕府は彼らを捕まえることに躍起となり、懸賞金までかけて密告を奨励する。

その結果、北条の忍者集団の風魔党は、武田の忍者だった高坂甚内《こうさかじんない》の懸賞金目当ての密告により、頭目の風魔小太郎以下全員が捕まって処刑された。ところが、密告者である高坂自身も、実はそれ以前から盗賊として活動していたのだ。彼はその後も盗賊を続け、ついに捕えられ処刑された。

真田忍者にも、同様な悲劇的なエピソードが古文書に残されている。それは、補足リサーチ5で述べた「忍の上手古今無双の勇士」だった割田下総守に関するもので、『吾妻記』に記されている。『吾妻記』からの引用も含めて要約しよう。

割田下総守は、豊臣秀吉の兵農分離政策により農民となる。「世静に成昔のつるぎはくわとかまとなり」、農業に励んだが、知行がなくなったため、妻子ともに困窮にあえいだ。そして、生活のために「盗をして月日を送る」ようになってしまう。だが、割田の下人が忍者の頭領であり吾妻郡奉行の出浦対馬守に事のしだいを訴えでたため、彼の盗賊稼業は発覚する。

その結果、大坂夏の陣から三年後の一六一八年(元和四年)九月下旬、「出浦殿より多勢を以て割田を討て取べき」という指令が発せられ、多数の足軽同心が動員された。畑で麦の作付けをしていた割田は下女の知らせでこの指令を聞き、戦うのに足場のよい山まで駆け登る。彼は多数の足軽同心に取り囲まれながらも、七〜八人に手負いをさせるほど斬りたてたが、最後は鹿野和泉に首をとられた。

出浦対馬守は、割田の件を真田伊豆守信幸（昌幸の長男、東軍側で戦い、江戸時代も大名として存命した）に報告したところ、伊豆守は次のように言ったと記録されている。

「伊豆守様も割田が盗は割田にあらず我より致させし所なりと弥々不便思召御なみだお流させ給へける」

戦国時代には忍者として「古今無双の勇士なり」といわれた割田下総守が、知行がなくなり貧困のゆえに盗賊に転落したことに、伊豆守は責任を感じて涙を流したのである。国立国会図書館において、『吾妻記』にこの文章を見いだした筆者も、割田下総守の悲しい末路に、なんともやりきれない気持ちになった。

（1）小島道裕『信長とは何か』講談社選書メチエ、二〇〇六年、一四三～一四七ページ。
（2）貝塚茂樹『中国の歴史（下）』岩波新書、一九七〇年、七～八ページ。
（3）谷口克広『信長の消えた家臣たち――失脚・粛清・謀反』中公新書、二〇〇七年。
（4）E・H・カー著、清水幾太郎訳『歴史とは何か』岩波新書、一九六二年、七七ページ。
（5）鈴村進『「三河物語」に学ぶ』オーエス出版社、一九九三年、二四〇～二四七ページ。
（6）桐野作人『さつま人国誌（戦国・近世編）』南日本新聞社、二〇一三年、九八～一〇一ページ。池宮彰一郎『島津奔る（下）』新潮文庫、二〇〇一年、四四〇～四四一ページ。
（7）永原慶二『日本の歴史10下剋上の時代』中公文庫、二〇〇五年、一三五～一三七ページ。
（8）網野善彦『日本の歴史をよみなおす』筑摩書房、一九九一年、二一六～二二〇ページ。

終章

戦国の情報ネットワークの歴史的位置

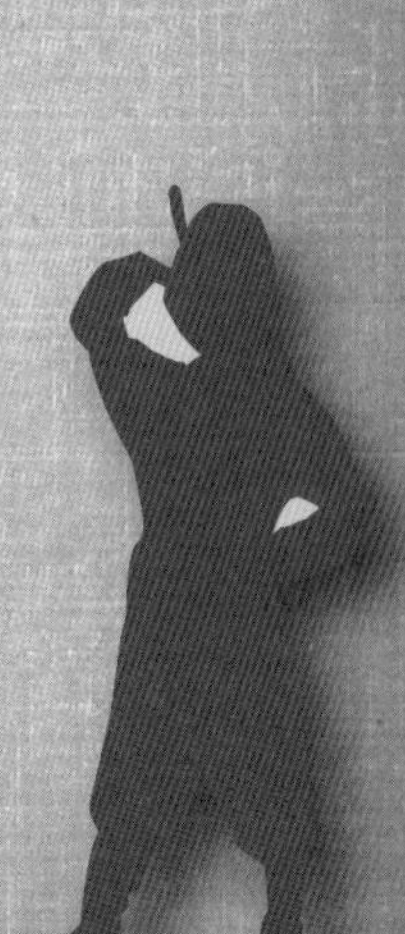

情報化の歴史的段階をどう設定すべきか

筆者は、前著『第四次情報革命と新しいネット社会』において、情報革命という分析視角から人類史を捉え、以下の仮説を設定した。

「人類は四つの情報革命を経ることで、そのたびに情報化の新たな段階を実現してきた」

以下この仮説を簡単に説明し、戦国の情報ネットワークがどの段階に位置付けられるのかを明らかにしていきたい。

①第Ⅰ段階

人類史における最初の情報革命は、紀元前五〇〇〇～六〇〇〇年前にメソポタミア地方で実現した文字の発明である。文字が発明され、文章となることで、人類は初めて自らの歴史を記録できるようになった。以後の社会は、文字が読める人びとが知識を蓄積し創造できる文字社会と、文字が読めない人びとで構成される歴史なき無文字社会が併存して発展していく。

②第Ⅱ段階

第二の情報革命は、紀元前一三〇〇年ごろにギリシャで実現した本の発明からスタートした。その後、本は多くの分野で作成され、種類を急拡大していく。日本でも中世に入ると種類が増え、すでに述べたように鎌倉時代の金沢文庫は約二万冊、戦国時代の足利学校は一万七〇〇〇冊の蔵書量を誇っている。ただし、手作業による写本で数を増やすしかなかったため、読者の範囲は少しずつ広がりはしたものの、貴族、大名、武士、僧侶に、一部の民衆が加わる範囲にとどまらざるをえなかった。多くの民衆は無文字社会で生活していたのである。

③第Ⅲ段階

写本ゆえの本の数の制約は、一五世紀中葉のグーテンベルクの印刷技術の発明により突破される。印刷革命とも言うべきこの情報革命により、本の大量出版・流通が可能になる。その結果、価格は急激に低下し、広範な民衆が買えるようになった。日本では一七世紀に京都・江戸・大阪の三大都市で本屋の数が急増することで、第Ⅲ段階が本格的に始まる。民衆の知的水準は急速に向上し、第Ⅱ段階に生きた世代には想像できないほど社会は根本的に変わる。それはまた、世代間ネットワーク切断の遠因にもなった。

この段階までの情報化の歴史のポイントは、第Ⅰ段階の情報革命の主役である文字自体が、不特定多数の人間に情報を伝えるブロードキャスト(同時通報)機能を備えていたことである。それを土台に、第Ⅱ段階の本の発明、第Ⅲ段階の本の大量流通により、ブロードキャスト機能が段階的に拡充されていった。この流れの延長上に、近代化以降の新聞・ラジオ・テレビといったマスメディアによるマスコミュニケーションの発達を位置付けられる。

④第Ⅳ段階

膨大な数の不特定多数の受け手に向けて一方向で同時に情報伝達がなされるマスメディアが、

二〇世紀に至り先進諸国で急速に発展し、いわゆる大衆社会が成立する。そして、二〇世紀を通じて先進社会の基本特性となった大衆社会化状況を根本から変える可能性を秘めているのが、コンピュータの発明によってスタートした二〇世紀後半以降の第Ⅳ段階の情報革命である。とくに、初期の大型コンピュータによる中央集中処理からパラダイムシフトし、パソコン、インターネットと続く自律分散処理を実現した技術革新は、二〇世紀末から二一世紀にかけて情報革命の範囲を一気に広げ、世界中の膨大な人びとが主体的に情報発信できるようにした。

こうして、一方向の情報の流れが、インターネットにより双方向へと根本的に変わりつつある。この大転換は、長い人類史において、かつてない画期的な情報革命が現在進行形で実現しつつあることを端的に示していると言えるだろう。

戦国の情報ネットワークの歴史的位置

この仮説に戦国の情報ネットワークをオーソドックスにポジショニングすると、第Ⅱ段階の最終局面に位置付けられる。ただし、第Ⅱ段階と第Ⅲ段階が重なっていることを踏まえるならば、それは過渡期の情報ネットワークであると言える。

また、第7章で述べたように、戦国の民衆の識字率と読み書き能力が諸外国と比較してきわめて高く、部分的に文字社会への take off を実現していた。加えて、多くの地域や都市や農村が共

図22 情報化の歴史的段階と戦国の情報ネットワークの歴史的位置

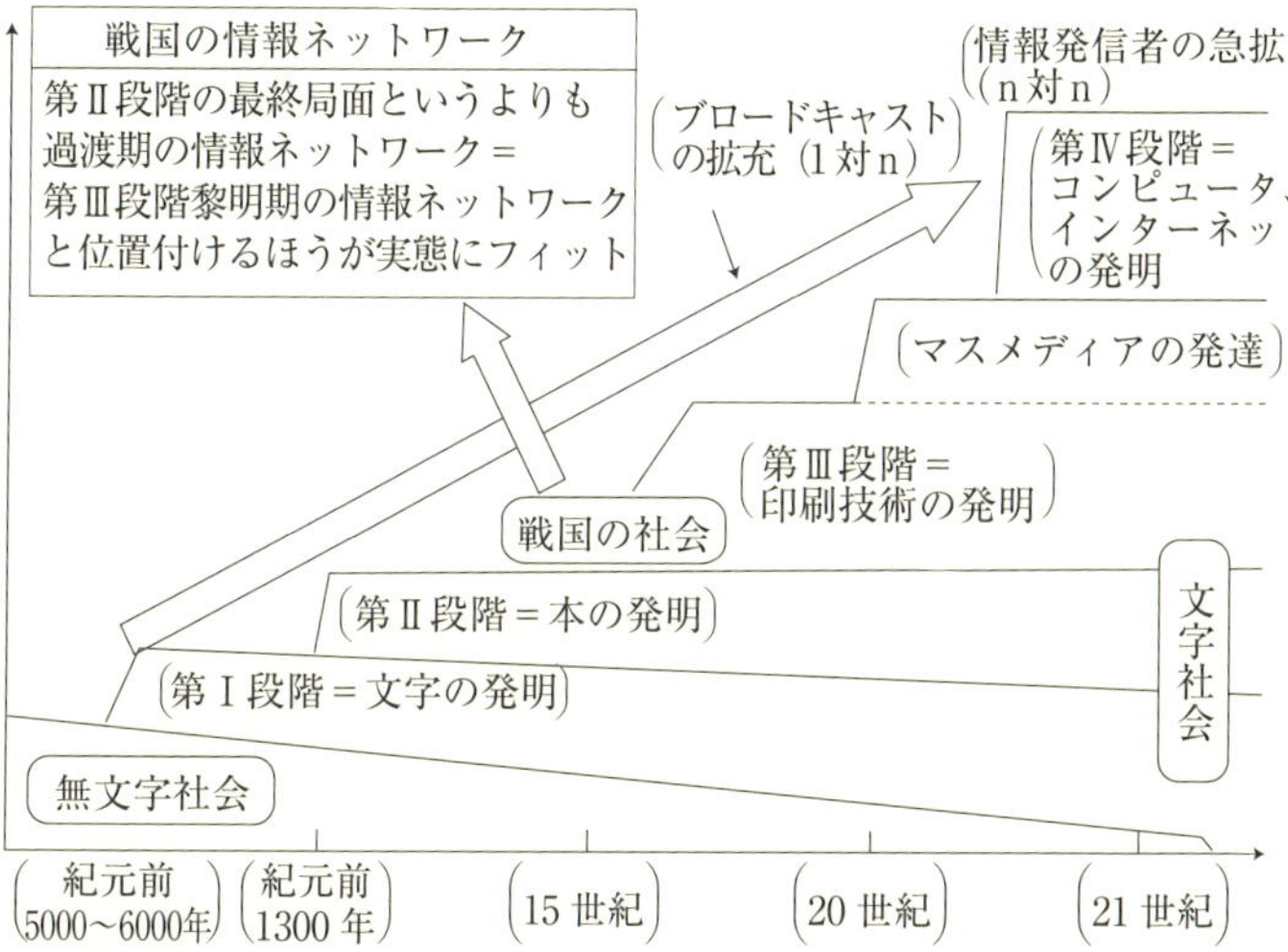

和制に近い社会システムを構築し、知的にも道徳的にも近代的市民の特性を獲得しつつあった。この二点を踏まえるならば、図22のように、第Ⅲ段階の黎明期における情報ネットワークと位置付け直したほうが、実態にフィットしているように思える。

文字社会と無文字社会の並存のあり方

戦国の情報ネットワークを第Ⅲ段階の黎明期に位置付けたうえで、戦国の社会システムについても、文字社会と無文字社会の併存のあり方という切り口から、歴史的に評価しておきたい。

筆者には、各社会システムの評価の優劣を、文字が読める支配階層と読めない民衆の身分がはっきり区分されているかどうかに求めることが、妥当なように思える。なぜなら、両者の身分の壁が高く、身分が制度として固定されている場合には、それがストレートに近代化への道を閉ざす致命的な障壁になるからである。

確かに文字の発明は、大規模な社会組織の編成を可能とすることで古代王国を成立させ、人類の知識の拡大と蓄積に大きく貢献した。とはいえ、レヴィ＝ストロースが言うように、文字は「支配を確立するために欠くことのできないもの」として、文字を読める権力者が読めない民衆を政治支配するためのツールとしての役割を担っていたことも否定できない。したがって、第Ⅰ段階の文字の発明から近代化以前の第Ⅲ段階までの社会システムの内部において文字社会と無文字社会が並存してきたとすれば、この身分間の壁の高低で世界各地の社会システムを評価していくことが重要となる。

こうした評価軸で戦国の社会システムを見ていくと、能力主義が社会の隅々まで行き渡り、下剋上に示されるように階層間の移動が頻繁になされ、情報ネットワークも自律分散化している。それゆえ、近代化へそのまま移行できるポジティブな特性を有していたと高く評価できる。

加えて、下からの変革による水平型ネットワークの形成が濃密になればなるほど、民衆の識字率向上を格段に高める。筆者は第7章で、識字率一〇〇％の公家や武士や僧侶を含めた戦国の社会全体における識字率を二〇～三〇％と推定した。ただし、特定地域における民衆の識字率は、筆者の推定率をはるかに超えていた。

大戸安弘氏は、「一向一揆を支えたもの」として「一向宗門徒の学習過程を中心として」調査分析され、彼らの識字率を推定している。大戸氏は、一向宗門徒が支配する地域の「各地の点在していた道場」において、「道場主や門徒相互間の教育的関係が成立して」いたとされている。そして、越中五箇《ごか》村〔富山県南砺《なんと》市〕において複数の「道場を結ぶネットワークとして十日講と称する講」が成立し、その八七人の門徒の署名のうち実に四五％にあたる三九人の門徒が花押で署名されていたことに注目し、識字率は格段に高かったと推定されている(1)。

この事例から、親鸞以来の平等な人間関係の形成と、それに基づく水平型ネットワークの成立が強烈なインパクトとなり、一向宗門徒である民衆の文字習得の意欲に火をつけ、識字率の格段の向上をもたらしていった因果関係を学ぶことができる。しかも、「百姓の持ちたる国」加賀の領域外の山深い五箇村において、識字率の格段の向上が実現していたのである。筆者はこの事例を通じ、戦国の民衆の先進性にあらためて深い感銘を受けた。各地のこうした事例の積み重ねにより、先進的な戦国の社会や情報ネットワークが強固に構築されたのである。

戦国の社会・情報ネットワークの先進性

ユーラシア大陸の東端から海を越えて弓形に連なる一六世紀の日本列島においては、同じ東アジアに位置しながら皇帝に権力が集中する集権型官僚国家の中国とはおよそ異なった、中心なき分権型の社会システム・自律分散型の情報ネットワークシステムが創りだされていった。そして、「戦争の時代」の渦中にあったにもかかわらず、同時にイノベーションが活発な「経済発展の時代」を実現していく。

したがって戦国の日本は、初期の発展とその後の緩慢な衰退を何度も繰り返しながら停滞するアジア的専制主義とは無縁な社会であった。むしろ、多数中心社会として西ヨーロッパと同じように各地に都市を発展させ、新興勢力の戦国大名や民衆が主役となって、短期間に経済や政治そして文化を飛躍させる動力学が複合的に展開される、ダイナミックな社会だったと言える。

その動力学と相互に作用し合いながら、双方向で水平型に情報発信するという点では、インターネットと同質のネットワークが張り巡らされる。もちろん、伝達スピードやネットワークのカバー範囲から捉えると、現代のインターネットと比べようもないが、双方向で水平型に情報発信するネットワークについては、時代をはるかに先取りしていたのである。この画期的なネットワークによって、「百姓の持ちたる国」や自由貿易都市、さらには数多くの農村がつながることで、組織改革が促進され、選挙で代表を選び多数決でものごとを決めていく共和制型の組織を成立させた。

戦国の農村は、『七人の侍』で描かれているような、弱々しい虐げられた農民から構成されていたわけではないし、同時代の中国の明のように、地主に意思決定のすべてを集中させた専制システムでもない。世界史的に捉えても、稀にみる自律した農民による先進的な社会システムを実現していた。さらに、都市と農村の情報ネットワークのパイプは太く、戦国大名のみならず、数多くの民衆の中に、自己主張できる個人主義の生成を見いだすことができる。

このようにして、日本列島の一六世紀は、「戦争の時代」だったとはいえ、イノベーションが多様に展開される社会システムと濃密に張りめぐらされた水平型のネットワークによって、日本史上かつてない「変革の時代」が成立し、発展していったのである。

戦国の社会システム・情報ネットワークの終焉

だが、秀吉の天下統一により「戦争と変革の時代」だった戦国時代は終焉する。徳川政権は、分裂し分権化した戦国の社会システムを統一国家に統合し、自律分散化していた情報ネットワークシステムもタテに再編統合した。また、士農工商の身分制度を確立して下剋上に終止符を打ち、身分間の移動の自由度を大幅に狭めた。こうした一連の政策は、戦国の社会システムと情報ネットワークの躍動的でポジティブな特性を根本から消滅させる方向に作用したと言える。

経済学者の井汲卓一氏は、戦国時代と徳川幕府の政策を次のように歴史的に位置付ける。

井汲氏は、戦国時代を「自主的な小農民の郷村的・地縁的共同体を〝惣村〟的な結合として生み出し、旧社会の解体をうながし」、さらに「〝惣村〟的結合の形態をこえて、手工業者・商人達を広範に含む新しい社会的分業の体系をもった生活圏」が成立し、「日本における独自の近代的市民社会の萌芽」が生成された時代として、高く評価した。一方、徳川幕府の政策は、「農民を武器と貨幣経済から隔離しつつ精神的にも物質的にも完全に武装解除」し、「この基礎のもとに社会を機能的に分解し、そのままこれを横倒しにして階級的身分的に細分化された、閉鎖的・相互疎隔的な封建的ヒエラルキーの体制をつくりあげる」と、きわめて否定的に評価する。(2)

さらに言えば、徳川政権は、日本人の民族的性格をも変えてしまったのかもしれない。司馬遼太郎氏は、こう主張する。

「(江戸時代は、戦国時代が本格化した)天文年間から慶長年間にかけての日本人に比べ同民族と思えぬほどに民族的性格が矮小化され奇形化された」時代であり、「世界の普遍性というものに理解のとどきにくい民族性をつくらせ、昭和期になってもなおその根を遺しているという不幸をつくった(3)」

このように社会システム・情報ネットワークの性格変化に加え、経済面や民族的性格の変質にまで目配りすると、「江戸幕府は二七〇年の長期にわたり日本の近代的市民社会成立の道を阻止し、さらには資本主義的発展にブレーキをかけてきた」というネガティブな見方もできる。

では、士農工商の身分制度が確立することで、武士も民衆もその生活様式を鋳型にはめられたような閉鎖的な江戸時代において、情報ネットワークは、タテ型のピラミッド社会に照応して、ダイナミズムの欠如した魅力のないものに変質していったのだろうか。

実際の情報ネットワークは、その基層においては、戦国時代に培われた先進性を失うことはなかった。それでは、江戸時代の情報ネットワークは、どのように展開されたのだろうか。さらに、社会システムと情報ネットワークは、どのように影響し合い、発展・進化したのだろうか。

このように設問すると、次から次へと新たなテーマが浮かび上がり、知的興味は際限なく広がっていく。しかし、残念ながらこのテーマはあまりに広く深いため、別な機会に論じざるをえない。

本章では、人類の情報化の歴史という長期の視点から、戦国の情報ネットワークや社会システムを俯瞰し、評価してきた。以上で本書を終えるが、ここまで辛抱強く知的冒険の旅をともにしてきた皆さんに心より感謝したい。

戦国時代にタイムスリップし、型破りな旅をともにしてきた皆さんが、独自の戦国の社会像に情報ネットワークという視点を加えていただけたとしたら、それだけでも本書の意義はあったと確信している。

(1) 大戸安弘「一向一揆を支えたもの――一向宗門徒の学習過程を中心として」大戸安弘・八鍬友広編『識字と学びの社会史』思文閣出版、二〇一四年、九一～一二九ページ。
(2) 井汲卓一「世界経済の中の明治維新」森田桐郎編『世界経済論を学ぶ』有斐閣選書、一九八〇年、一二一～一二五ページ。
(3) 司馬遼太郎『覇王の家(下)』新潮文庫、二〇〇二年、三六六～三六七ページ。

参考文献

第1章

石坂昭雄・船山榮一・宮野啓二・諸田實『西洋経済史』有斐閣双書、一九七六年。

五木寛之『蓮如―聖俗具有の人間像』岩波新書、一九九四年。

一向一揆五〇〇年を考える会『加賀一向一揆五〇〇年――市民シンポジウム』能登印刷・出版部、一九八九年。

神奈川県立金沢文庫『金沢文庫の歴史』一九九〇年。

神奈川県立金沢文庫『中世の港湾都市六浦』二〇〇九年。

堺屋太一『歴史からの発想――停滞と拘束からいかに脱するか』日経ビジネス人文庫、二〇〇四年。

堺屋太一『歴史の使い方』日経ビジネス人文庫、二〇一〇年。

杉山博『日本の歴史11　戦国大名』中央公論社、一九六五年。

永原慶二『大系　日本の歴史6　内乱と民衆の世紀』小学館、一九八八年。

永原慶二『日本の歴史10　下剋上の時代』中公文庫、二〇〇五年。

林屋辰三郎『日本の歴史12　天下一統』中公文庫、二〇〇五年。

丸谷才一・山崎正和『日本史を読む』中公文庫、二〇〇一年。

結城陸郎『金沢文庫と足利学校』至文堂、一九五九年。

第2章

網野善彦『日本社会の歴史(下)』岩波新書、一九九七年。

網野善彦『日本中世に何が起きたか――都市と宗教と「資本主義」』日本エディタースクール出版部、一九九七年。

網野善彦『日本の歴史をよみなおす(全)』ちくま学芸文庫、二〇〇五年。

有光友學編『日本の時代史12　戦国の地域国家』吉川弘文館、二〇〇三年。

海音寺潮五郎『新名将言行録』河出文庫、二〇〇九年。

永原慶二、ジョン・W・ホール、コーゾー・ヤマムラ編『戦国時代――一五五〇年から一六五〇年の社会転換』吉川弘文館、一九七八年。

永原慶二編『日本経済史』有斐閣双書、一九七〇年。

第3章

小和田哲男『戦国武将の手紙を読む――浮かびあがる人間模様』中公新書、二〇一〇年。

桑田忠親『徳川家康の手紙』文春文庫、一九八三年。

桑田忠親『太閤の手紙』文春文庫、一九八五年。

佐藤憲一『伊達政宗の手紙』洋泉社MC新書、二〇一〇年。

山梨県立博物館監修『武田信玄からの手紙』かいじあむブックレット、二〇〇七年。

吉本健二『戦国武将からの手紙――乱世を生きた男たちの素顔』学研M文庫、二〇〇八年。

第4章

石井健一郎『「情報」を学び直す』NTT出版、二〇〇七年。

井上鋭夫『日本の武将35 上杉謙信』人物往来社、一九六六年。

奥瀬平七郎『忍術――その歴史と忍者』新人物往来社、一九九五年。

斎藤充功『陸軍中野学校――情報戦士たちの肖像』平凡社新書、二〇〇六年。

斉藤充功・歯黒猛夫ほか『陸軍中野学校秘史』ダイアプレス、二〇一三年。

清水昇『戦国忍者は歴史をどう動かしたのか?』ベスト新書、二〇〇九年。

鈴木眞哉『戦国史の怪しい人たち――天下人から忍者まで』平凡社新書、二〇〇八年。

戸部新十郎『忍者と忍術』毎日新聞社、一九九六年。

藤林保武著、中島篤巳訳註『完本 万川集海《まんせんしゅうかい》』国書刊行会、二〇一五年。

畠山清行著、保阪正康編『秘録 陸軍中野学校』新潮文庫、二〇〇三年。

深井雅海『江戸城御庭番――徳川将軍の耳と目』中公新書、二〇一三年。

藤林保武『万川集海』誠秀堂、一九七五年。

古川薫『毛利元就と戦国武将たち』PHP文庫、一九九六年。

古川薫『毛利元就とその時代』文春文庫、一九九六年。

歴史群像編集部『忍者と忍術――闇に潜んだ異能者の虚と実』学研、二〇〇三年。

第5章

上田市立博物館『真田氏史料集』一九八七年。

群馬県文化事業振興会編『群馬県史料集 第3巻〈加沢記、上野国吾妻記〉』一九六六年。

小林計一郎『真田三代軍記』新人物往来社、一九八六年。

田中博文『真田一族外伝――伝説の英雄はなぜ誕生したのか』産学社、二〇一四年。

東信史学会編『真田一族の史実とロマン』一九八五年。

平山優『真田三代』PHP新書、二〇一一年。

山口武夫編『真田忍者と中之条町』中之条町歴史民俗資料館、一九八五年。

第6章

秋山駿『信長』新潮社、一九九六年。

飯尾要『経済サイバネティクス』日本評論社、一九七二年。

マックス・ウェーバー著、世良晃志郎訳『支配の社会学Ⅰ、Ⅱ』創文社、一九六〇、一九六二年。

マックス・ウェーバー著、濱嶋朗訳『権力と支配』講談社学術文庫、二〇一二年。

太田牛一原著、榊山潤訳『信長公記(上)(下)』教育社、一九八〇年。

小和田哲男『信長――徹底分析十七章』KTC中央出版、二〇〇三年。

小和田哲男『甲陽軍鑑入門――武田軍団強さの秘密』角川ソフィア文庫、二〇〇六年。

小室直樹『信長――近代日本の曙と資本主義の精神』ビジネス社、二〇一〇年。

堺屋太一・山崎正和他『信長――「天下一統」の前に「悪」などなし』プレジデント社、二〇〇七年。

笹本正治『武田信玄――伝説的英雄像からの脱却』中公新書、二〇一四年。

柴辻俊六『信玄の戦略――組織、合戦、領国経営』中公新書、二〇〇六年。

津本陽『信長と信玄』角川文庫、二〇〇一年。

野中郁次郎・竹内弘高著、梅本勝博訳『知識創造企業』東洋経済新報社、一九九六年。

フォン・ベルタランフィ著、長野敬・太田邦昌訳『一般システム理論――その基礎・発展・応用』みすず書房、一九七三年。

宮城音弥『日本人の性格――県民性と歴史的人物』東書選書、一九七七年。

山本七平『山本七平の武田信玄論――乱世の帝王学』角川oneテーマ21新書、二〇〇六年。

吉田豊編・訳『甲陽軍鑑』徳間書店、一九七一年。

ルイス・フロイス著、松田毅一他訳『完訳フロイス日本史(織田信長篇Ⅰ、Ⅱ、Ⅲ)』中公文庫、二〇〇〇年。

第7章

阿部謹也・網野善彦・石井進・樺山紘一『中世の風景(上)(下)』中公新書、一九八一年。

マックス・ヴェーバー著、大塚久雄訳『プロテスタンティズムの倫理と資本主義の精神』岩波文庫、一九八九年。

大戸安弘・八鍬友広編『識字と学びの社会史――日本におけるリテラシーの諸相』思文閣出版、二〇一四年。

川田順造『無文字社会の歴史――西アフリカ・モシ族の事例を中心に』岩波書店、一九九〇年。

山本七平『日本資本主義の精神――なぜ、一生懸命働くのか』PHP文庫、二〇一三年。

横井清『中世民衆の生活文化』東京大学出版会、一九七五年。

四方田犬彦『「七人の侍」と現代――黒澤明再考』岩波新書、二〇一〇年。

レヴィ＝ストロース著、川田順造訳『悲しき熱帯Ⅰ、Ⅱ』中公クラシックス、二〇〇一年。

第8章

網野善彦『日本中世に何が起きたか――都市と宗教と「資本主義」』日本エディタースクール出版部、一九九七年。

飯尾要『市場と制御の経済理論』日本評論社、一九七〇年。

飯尾要『経済サイバネティクス』日本評論社、一九七二年。

家永三郎『日本文化史』岩波新書、一九八二年。

岩井克人『資本主義を語る』ちくま学芸文庫、一九九七年。

カール・A・ウィットフォーゲル著、湯浅赳男訳『オリエンタル・デスポティズム――専制官僚国家の生成と崩壊』新評論、一九九一年。

梅棹忠夫『文明の生態史観』中公文庫、一九九八年。

貝塚茂樹『中国の歴史(上)(中)(下)』岩波新書、一九六四・一九六九・一九七〇年。

ドナルド・キーン著、吉田健一他訳『能・文楽・歌舞伎』講談社学術文庫、二〇〇一年。

ハーバート・A・サイモン著、稲葉元吉他訳『システムの科学』パーソナルメディア、一九八七年。

ハーバート・A・サイモン著、桑田耕太郎他訳『新版経営行動――経営組織における意思決定過程の研究』ダイヤモンド社、二〇〇九年。

司馬遼太郎『歴史の世界から』中公文庫、一九九四年。

司馬遼太郎『歴史の中の日本』中公文庫、一九九四年。

司馬遼太郎・山崎正和『日本人の内と外』中公文庫、二〇〇一年。

寺田隆信『物語 中国の歴史――文明史的序説』中公新書、一九九七年。

林進編『コミュニケーション論』有斐閣Sシリーズ、一九八八年。

尾藤正英『日本文化の歴史』岩波新書、二〇〇〇年。

フォン・ベルタランフィ著、長野敬・太田邦昌訳『一般システム理論――その基礎・発展・応用』みすず書房、一九七三年。

カール・ポラニー著、吉沢英成他訳『大転換――市場社会の形成と崩壊』東洋経済新報社、一九七五年。

村井康彦『茶の文化史』岩波新書、一九七九年。

山崎正和・西垣通編『文化としてのIT革命』晶文社、二〇〇〇年。

山崎正和『社交する人間――ホモ・ソシアビリス』中公文庫、二〇〇六年。

山本七平『日本型リーダーの条件』講談社文庫、一九九一年。

湯浅赳男『日本を開く歴史学的想像力——世界史の中で日本はどう生きてきたか』新評論、一九九六年。

第9章

石坂昭雄・船山榮一・宮野啓二・諸田實『西洋経済史』有斐閣双書、一九七六年。

小熊英二『〈民主〉と〈愛国〉——戦後日本のナショナリズムと公共性』新曜社、二〇〇二年。

E・H・カー著、清水幾太郎訳『歴史とは何か』岩波新書、一九六二年。

小島道裕『信長とは何か』講談社選書メチエ、二〇〇六年。

渓内謙『現代史を学ぶ』岩波新書、一九九五年。

谷口克広『信長軍の司令官——部将たちの出世競争』中公新書、二〇〇五年。

津本陽『大久保彦左衛門——不遇の時こそ』光文社、二〇〇四年。

津本陽『「本能寺の変」はなぜ起こったか——信長暗殺の真実』角川oneテーマ21新書、二〇〇七年。

中根千枝『タテ社会の人間関係——単一社会の理論』講談社現代新書、一九六七年。

野中郁次郎他『失敗の本質——日本軍の組織論的研究』中公文庫、一九九一年。

山本七平『徳川家康(上)(下)』ちくま文庫、二〇一〇年。

終章

樺山紘一『情報の文化史』朝日選書、一九八八年。

P・F・ドラッカー著、上田惇生訳『明日を支配するもの——21世紀のマネジメント革命』ダイヤモンド社、一九九九年。

P・F・ドラッカー著、上田惇生訳『ネクスト・ソサエティ——歴史が見たことのない未来がはじまる』ダイヤモンド社、二〇〇二年。

山崎正和『近代の擁護』PHP研究所、一九九四年。

吉川元忠『情報エコノミー』文春新書、二〇〇一年。

あとがき

筆者は、本書を書き終えるまでにどうしても現地調査をしたかった、加賀一向宗徒の最後の軍事拠点である鳥越城［石川県白山市］を七月に訪ねた。鳥越城は、白山の山麓にある巨大な山城である。一九八五年に国史跡に指定されたこともあり、本丸を中心に土塁、空堀、石垣が整備復元されており、往時を偲ばせる。標高三一二メートルの山頂にある本丸まで登りきると、汗ばんだ体に涼風が心地よかった。眺望がきき、ぬけるような夏空のもとで、周囲の山々が遠方まで連なる大パノラマが広がり、眼下にはのどかな田園風景が見渡せる。

だが、時をさかのぼること四三三年前の落城の際には、血で血を洗う凄惨な殺戮戦が行われたという。一五八一年（天正九年）、武装蜂起した一向宗徒は織田軍に制圧された鳥越城をいったん奪還するものの、翌年には柴田勝家の甥である佐久間盛政軍に反撃され、落城する。その直後、一向宗徒三百余人が磔刑され、周囲七村は徹底的に破壊されたと伝えられている。その結果、村をつないできたインターネット型のネットワークも消滅せざるをえなかった。

皮肉なことに、この虐殺の首謀者であり、勝利者だったはずの佐久間盛政もまた、わずか二年後の賤ヶ岳［滋賀県長浜市］の戦いに敗れ、捕えられる。そして、豊臣秀吉の命により、京都市中引き回しのうえで斬首された。さらに、この戦いの勝者であり、天下統一を成しとげた豊臣家も、子の秀頼の代には徳川家康により滅ぼされる。

こうした盛者必衰の歴史に思いを馳せながら、虐殺された村人のレリーフと「一揆敗れて山河あり」の題字が刻まれた記念碑の前にただずんだとき、人間の歴史の冷厳なまでの不連続性を感じ、やりきれない無常観にとらわれた。

その一方で、歴史の不連続性を乗り越えて、したたかに生き抜いた人間がいたことも忘れてはならない。その典型が、徳川家康の謀臣《ぼうしん》となった本多正信であり、徳川政権の農政を担う官僚のトップにまで登りつめた伊奈忠次《ただつぐ》である。奇しくも二人は、長年にわたる熱心な一向宗徒という点で共通している。これは、彼らが転向者であること、にもかかわらず徳川家康という人物が、前歴にこだわらずに、自らの覇権確立に役立つ能力を持ってさえいれば、重要なポストを与える実利主義者だったことを、物語っていると言えるだろう。

とはいえ、彼らのように歴史の不連続性を乗り越えることができた人間は、ごく少数だったように思える。この歴史の不連続性がもたらす世代間ネットワークの切断の問題点については、第9章で詳細に考察したとおりである。鳥越城からの帰り道、あらためて歴史の不連続性が日本の社会にもたらすマイナスの重みを、感じずにはいられなかった。

筆者は、本書において、情報ネットワークという視点から、一六世紀の戦国の社会を、トータルな社会システムとして描こうと試みた。歴史の不連続性のなかに埋められた「戦争と変革の時代」としての戦国時代のダイナミズムに再び光を当てることで、閉塞状況が続く日本社会の打開策の契機になればと考えたからである。

ただし筆者は、戦国時代の歴史を専門的に研究してきたわけではなく、戦国史の研究者としては、駆け出しにすぎない。そのため、本書で提示した複数の仮説は、ロジックの展開に無理があったり、別な視点から捉える必要もあるかもしれない。反面、複数の友人から、「マネージメントの書として読める」「過去の社会を情報ネットワーク社会として捉えることで視野が広がる」といった肯定的な意見もいただいた。いずれにせよ、本書の仮説を素材に、活発な議論が広がっていくことを期待したい。その際の批判は甘受しようと思っている。

本書は、若いころから経済分析研究会の先輩として指導いただいてきた宮崎徹さんと金田功さんに、いつもながら草稿の段階で、多くの貴重なアドバイスをいただいた。また、長年の友人である小笠原義成さんには、茶道に関する論文をお寄せいただき、「補足リサーチ9」を完成させることができた。三人のご協力に、深く感謝したい。

最後に、本書を編集し、出版いただいた大江正章さんに、大変にお世話になったことを記しておきたい。大江さんは、本書のテーマがご自身の専門分野を大きく逸脱しているにもかかわらず、筆者が情報ネットワークの歴史研究をライフワークとしていることを好意的に受けとめていただき、きめ細かくサポートいただいた。心から感謝の意を表したい。

二〇一五年一一月

蒲生　猛

〈著者紹介〉

蒲生　猛（がもう・たけし）

1952年　東京都生まれ。

1975年　早稲田大学理工学部卒業。大手IT企業入社。
以後、営業・企画・マーケティング部門に勤務する。並行して、経済分析研究会のメンバーとなり、情報経済論・情報化社会論を担当し、研究を継続してきた。

2015年　IT専門学校の講師となり、日本・アジア・アフリカの学生たちの教育に、情熱をもって取り組んでいる。

著　書『第4次情報革命と新しいネット社会』コモンズ、2014年。

共　著『産業空洞化はどこまで進むか』日本評論社、2003年。

主論文「80年代情報革命の社会的意味」『経済評論』1982年3月号、「情報化の進展とコンピュータ産業」『産業年報1997年版』、「情報革命がもたらす新しい社会」『現代の理論』2011年秋号など。

戦国の情報ネットワーク

二〇一五年一二月一〇日　初版発行

著　者　蒲生　猛

発行者　大江正章

発行所　コモンズ

東京都新宿区下落合一―五―一〇―一〇〇二
ＴＥＬ〇三（五三八六）六九七二
ＦＡＸ〇三（五三八六）六九四五
振替　〇〇一一〇―五―四〇〇一二〇
info@commonsonline.co.jp
http://www.commonsonline.co.jp/

印刷・東京創文社／製本・東京美術紙工

乱丁・落丁はお取り替えいたします。

ISBN 978-4-86187-130-6 C 0021